देवनागरी 文字

(デーヴァナーガリー)

子音文字

	無声無気音	無声有気音	有声無気音	有声有気音	鼻音
喉音	क *ka*	ख *kha*	ग *ga*	घ *gha*	ङ *ṅa*
口蓋音	च *ca*	छ *cha*	ज *ja*	झ *jha*	ञ *ña*
反舌音	ट *ṭa*	ठ *ṭha*	ड *ḍa*	ढ *ḍha*	ण *ṇa*
歯 音	त *ta*	थ *tha*	द *da*	ध *dha*	न *na*
唇 音	प *pa*	फ *pha*	ब *ba*	भ *bha*	म *ma*
半母音	य *ya*	र *ra*	ल *la*	व *va*	
摩擦音	श *śa*	ष *ṣa*	स *sa*		
気 音	ह *ha*	◌ः *ḥ*	特別鼻音	◌ं *ṃ*	

特殊な結合文字

क्ष *kṣa* त्र *tra* ज्ञ *jña* श्र *śra*

पतंजलेःयोगसूत्र-सारः

विशदभूमिकासहितः

ヨーガ・スートラ

パタンジャリ哲学の精髄

原典・全訳・注釈付

A・ヴィディヤーランカール

अनिलविद्यालङ्कारः

著

中島　巖

इवाओ नाकाजिमा

編訳

東方出版

तोहोशुप्पन्

著者のサンスクリット原題

पतंजलेःयोगसूत्र-सारः

विशदभूमिकासहितः

パタンジャリのヨーガ・スートラ精髄
明快な序説付

まえがき

シュリ・オーロビンドによれば、人生全てがヨーガです。彼の考えでは、知ろうと知るまいと、我々は皆、自分がやって来た源泉に合一する方向に向かって不可避的に突き進みます。我々がヨーガを意識的に実践すれば、途中でさまざまな労苦を伴う上り下りの繰り返しを経験せずに、この道筋を早めることが出来るのです。スワミ・ヴィヴェーカナンダは、ヨーガに至る道はそれを志す人々の数と同じくらい沢山あると述べていました。彼が言わんとしたことは、全ての人間は自分の存在の源泉に究極的には合一することになってはいても、気質や能力が様々異なるので、各人自分の性質に応じた道を見つけて従わなくてはならない、と言うことです。

私が、パタンジャリの哲学に興味を抱くに至ったのは、若い頃から自分の脳裏に常に付きまとっていた問題のためです。「私は誰か」と言うシンプルな問題です。

私がパタンジャリに行き当たったのは、多くの哲学書を読んだ後ですが、それからも、ずっとこの問題を私は考え続けました。私は特定の神格やそれにまつわるドグマを信奉するような普通の意味での宗教的人間ではありません。宗教書の言葉には納得できませんでした。私は自分で自分についての真理を知りたかったのです。それに情緒的気質の人間ではないので、特定のグル(師匠)に従うことは出来ませんでしたし、そうしたこともありませんでした。ただ、幾人かのグルの話は聞いたことがあります。

私は自分の思考能力の全力を傾け、この問題に取り組みましたが、長年月を経ても問題解決には辿りつけませんでした。

そこで自分の思考力にはどうやら厳しい制約があるらしいことが

分かってきました。ある日考えついたことも、翌日になると全く別の結論になってしまいました。私の心の中は相反する思考の戦場でした。私は自分の思考能力に絶大な自信を持っていたのですが、それが何の役にも立たなくなっていたのです。「私は誰か」私の人生における最重要問題への解答を見出す上で、思考はすっかり有効性を失いました。

それまで私は自分の存在に関する問題を他の問題と取り組むのと同じような仕方で考えていました。思考の性質については考えたこともありませんでした。自分の存在が実際に自分の思考に依存しているとは、全く思い至らなかったのです。

ところが 1964 年から 1965 年にかけて、交換留学でニューヨークのコロンビア大学で 1 年間過ごすことになりました。家族と祖国を離れ、新しい環境の中で全く自分一人になることが出来ました。

そこで暮らしていたある日のこと、私に突然意識の変容が起きたのです。驚いたことに、私の心が突然、完全に鎮まり、心の中に何の思考もなくなっていることが分かりました。ついに、長年私を悩まし続けてきた「私は誰か」と言う問題への解答を私は見つけたのです。明白な答えが分かったのですが、言葉では表現できませんでした。何故なら、それが完全な言語喪失状態であったからです。長くは持続しませんでしたが、その状態が数時間続いて、私は自分の本性を体感していました。それには何の疑惑もありませんでした。答えはいりません。何故なら、自分の心に何の質問も起らなかったからです。その状態が持続する限り、絶対的な平和状態がありました。

しかし、内面的に落着くことは、私にはどうも難しい、と分かってきました。というのは、その新しい意識状態のままで外的な世界で活動することが、簡単にはいかなかったからです。内面のイメージのない意識は自分をとりまくナーマ・ルーパ（名前と形）世界とは容易にはなじめませんでした。幸いなことに、ニューヨーク市から50マイルの所にアーナンダ・アシュラムと呼ぶヨーガ修養会があったことです。インド人医師のラム・ムルティ・ミシュラ（後年にスワミ・ブラフマナンダとなった人）によって設立された施設でした。彼と私は仲の良い友人同士となり、彼は週末、ヨーガに関心ある友人達の集会に、私をよく招待してくれるようになりました。サンスクリット学者でもあったミシュラ博士には『ヨーガ心理学教本』なる表題でパタンジャリのヨーガ・スートラの翻訳がありました。その時初めて、パタンジャリのヨーガと私との本当の意味での出会いが始まったのです。私は自分なりの新しい見解を、そこにいた友人達に語り始めました。

この内的混迷期に私が得た最大の洞察は、言語の本質に関することでした。私は、自分の本性が言語を超越しているのだと、初めて分かって来ました。人間は言語の独立した使い手ではありません。人間は道具として言語を使ってきたわけではないのです。何故なら他の道具のように頭脳から言語を外しておくことは全く不可能だからです。人間が言語で表現するよりも、さらに高次のある力の存在を私は確信しました。それが神だったのです。人間が神を知るためにすべきことは、言語の源泉にまで辿り着き、言語のない意識状態のまま存在することです。そこで神の定義が判明しました。言語のない意識が神なのです。

アーナンダ・アシュラムのアメリカの友人は、当然のことながら私の言動に驚きました。しかし、それ以降、言語は私にとり最重要のチッタ・ヴリッティ（頭脳活動）になりました。パタンジャリは、ヨーガの目的はチッタ・ヴリッティの完全なる静止であると、述べています。もちろんチッタ・ヴリッティの中に、彼は言語を入れておりません。しかし、私にとって、話したり考えたりする言語は最もありふれたチッタ・ヴリッティでした。その体験から、私の研究活動の大部分は、人間並びにその世界と言語との関係の本質にかかわるようになりました。

その時でも私のパタンジャリとの関係はあまり深いものではなかったのですが、ある幸運から私は、1979年に日本で開かれた国際セミナーに参加することになりました。

その時に知り合った友人の中にインド思想に深い関心を寄せる人達がいたのですが、そこから同じ興味を持つ日本人グループが出来ました。その人達は、インド思想の様々な側面について講義するよう、度々私を招いてくれるようになりました。

それから大阪の長谷川澄夫氏、大岩律子氏の両氏がグループを作り、パタンジャリのヨーガ・スートラをサンスクリット原典から味わいたいという要請がありました。そこからこの著作の執筆が始まったのです。英文の和訳は同じく中島氏が担当しました。集まってくれた人々は何らかの形でのヨーガ教師かその学習者達でしたが、彼等はヨーガのより深い意味を学び、さらにインド思想をもっと詳しく知りたいと願っておりました。

まず、サーンキャ哲学に基づく「心の性質と発展」を主題とする日本語冊子を1993年に制作しました。その頃、私はインドでギーターの主要詩句100編を選んで各句に英訳と注釈を付したGita Saarと題する冊子を編集、発行しましたが、1994年になり、その日本語訳『ギーター・サール』を制作しました。この二つの日本語冊子の制作は中島氏が担当しました。その後、詩句を100編から150編に拡充した改訂版をヒンディー語版で完成させたので、今度はそのヒンディー語冊子から直接日本語への翻訳を目指し、ヒンディー語の出来る長谷川澄夫氏に制作を担当してもらいました。これが2005年東方出版から刊行された『ギーター・サール　インド思想入門』です。長谷川氏はまた、神の本性を扱った54のヴェーダ・マントラの講義内容を『ヴェーダ・サール』として2008年冊子にまとめてくれました。

これらの冊子によって日本の友人が、インド思想の中核に触れられるようになったので、それら冊子をテキストにしたセミナーが東京と大阪で開かれるようになりました。

長年私と関わりをもってきたこれら友人達のお蔭で、実は、私は、自分の通常の人生コースでは、恐らく取り上げることはなかったであろうパタンジャリのヨーガ・スートラに取り組むことになったのです。

相当長くおつきあいしてきた友人には日本ヨーガ学会の会員の方々がおりますが、その学会の会長である田原豊道氏は、学会の年次大会に幾度も私を招待して下さいました。大会挨拶のために私が用意した内容は、本書序論の項目でも幾つか扱われております。

ヴィヴェーカナンダが述べていたように、全て人間はヨーガに向かいそれぞれの道に沿って進むほかはないのです。ここで私が提示したことは私の見地からのパタンジャリのヨーガ・スートラに基づく、ヨーガ入門です。私はパタンジャリそのものを解釈しようとはしておりません。ヨーガ・スートラから114のスートラを選び、出来うるかぎり忠実に説明しました。私の考えでパタンジャリの思想の中核ではないと思われるスートラ及び項目は、全て除外しております。

まえがき

パタンジャリがヨーガ・スートラを著したのは二千年以上昔ですが、この著作は当時と同じく現代でも重要な意義を持っております。パタンジャリ並びに一般のインド哲学者によれば、人間が苦悩するのは、自分が何者であるかを知らないためです。そこで自分の本性を知ることが出来て初めて、人間は自分の心が作り上げた全てのものからの離脱ができるのです。その中にはもちろん自分自身についての自分の考え方も含まれます。

パタンジャリの人類に対する最大の貢献は、私の考えでは、叙述の焦点を、人間の心に絞ったことにあると思います。本書は、この側面に議論を収斂させておりますが、自分の知識と経験から私が何か言い得るとすれば、どうしてもこの側面になってしまうのです。

パタンジャリの考えの幾つかについて言及を差し控えたところがあります。しかし、それは不世出の偉大なる賢者の一人に対する深い尊敬の念にもとづくものです。

この機会を借りて、私は、ある意味で本書を私からもぎ取った、全ての日本の友人に心から感謝いたします。ヒンディー語版、英語版に先んじて日本語版が発行されようとしていることは、その方々の誠実さと忍耐力の証拠であります。

2014年4月　アニル・ヴィディヤーランカール　ニューデリー

目　次

まえがき　1

序説　9

本論

第一部　ヨーガの性質と目的　55

第二部　ヨーガの実践　90

第三部　ヨーガの最終的成果　140

ヨーガ・スートラの主要概念要約　162

ヨーガ・スートラ　原典　全訳

第一章　三昧　169

第二章　実践　184

第三章　自在力　201

第四章　純粋絶対　218

編・訳者あとがき　230

序説

ヨーガは今では一般家庭でも使われる言葉になりました。世界中の何百万人もの人々が、その主要な関心が肉体的側面に限られるとはいえ、ヨーガに興味を抱いています。沢山の人々がヨーガのアーサナ実習を通して健康で柔軟な身体を持てるようになっています。そこで、この面のヨーガは当然遠く広く普及してきています。ヨーガ関係の本の大部分が主としてアーサナを扱っていることも驚くにあたりません。しかし、ヨーガの教えは肉体への配慮以上にもっと広く、もっと深いのです。ヨーガは人間の身体だけでなく、人間の心と魂にも関わっているのです。事実、ヨーガで扱われる中核部分は人間の心であって、心を発展させ、それを人間にとって有効な道具に進化させるための手段として、肉体が顧慮されているに過ぎません。ヨーガの教えを理解するためには、ある程度忍耐が必要です。ヨーガは学問分野の他の主題のように学習対象ではありません。ヨーガが扱っているのは、自分自身のことで自分の外側のことではありません。多くの主題は自分で学びつつ、内面的には同じ人間にとどまることが出来ます。しかし、ヨーガの奥深いところは、学習の過程で自分自身を変容させて行かなくては習得出来ません。アーサナなら数日かければ学習できるものもあり、それなりの実習効果もあります。しかし、心の性質とか心の動き方を理解し、我々の意識内部の深みにある存在に接触する次元にまで心を進化させるためには、優れた肉体を誇示する人物の人生観とは全く異なる人生観が必要です。本書では、パタンジャリが説くヨーガの教えを体系的に学ぶことを目指します。その過程で自分自身と世界ならびに神について長年抱き続けてきた多くの考え方を放棄しなければならなくなるでしょう。例えば、ヨーガ自体は他の既成宗教と比較できる宗教ではありませんが、ある見方からすれば、唯一の真の宗教であることが分かってくるでしょう。非常に興味深いことですが、ヨーガには科学者達が懸命になって探ろうとしている物質的宇宙の究極の神秘を解く手がかりさえあるのです。

一般に知られているように、ヨーガの文字通りの意味は結合です。この結合の意味は様々に解釈可能です。しかし、端的に言えば、ヨーガは人間を自分自身に結びつける、すなわち、人間に自分の真の性質を見出すようにしむけるのです。シュリ・オーロビンドが指摘したように、人間は進化未完成の代物であって、自分では自覚していませんが、今なお進化の過程にある存在なのです。今までのところ、人間を育てた自然によって、マインドのレベルまで、進化の過程は進みました。しかし、マインドのレベルを越える人間の進化は人間自身の努力に掛かっているのです。この未来の進化とは、人間内部に隠れている霊性実現の方向に向かうことであり、それに従って人間が人生を過ごすことなのです。マインドのレベルでは、人間は部分的な覚醒状態に留まっています。強大なエゴと落ち着きのないマインドに曇らされ、制約された視野しかないため、人間は自分の人生を、どの方向に向けたらよいか、どのように人生を送ったらよいか決めかねています。もちろん、無意識的に人間は、人生において永続する平和と幸福と自由を見つけたいと思っていますが、どのようにしてそれを獲得したらよいのか分からないのです。

世界のあらゆる地域の聖者達は、人生問題を理解して解決するためには、ただ、でたらめに運ばれていくだけの人生の流れから脱出しなくてはならないと教えています。人生に対して超越的見方が出来るようになって初めて我々は人生の真の性質を知ることが出来るのです。しかし、普通の人間は自分の人生を作り上げ、やっとのことで勝ち得た僅かばかりの労働の成果を楽しむことに夢中になりすぎています。しかし、数は少ないのですが、物質的追求とか、それに伴う抗争、混乱、矛盾に思い悩む人間もいるのです。彼等は人生における不幸の底に横たわる原因を追究し、そのために人生の本質と人生で起きていることを理解するため、内面を見つめ始めます。彼等の目的は、永続する平和と幸福と自由を得たいとする別の人々と同様ですが、彼等はより深いレベルで人生の本質を理解することによって初めて達成しうるのだと見極め、人生を生きる別の方法を見出すのです。

ヨーガの進化

生命の根源的真理を知ろうとするこの探求は太古以来のインド人の基本姿勢であり続けてきました。次の詩句がリグ・ヴェーダ（1.164.20）にみえます。

dvā suparṃā sayujā sakhāya　samānaṃ vṛkshaṃ pariṣasvajāte
tayoranyaḥ pippalmṃ svādu atti　anashnan anyaḥ abhicākaśīti

美しい翼を持った二羽の鳥が、お互いに友として常に一緒に同じ木に止まっている。その中の一羽の鳥は木の実を美味しそうに食べている。一方、別の一羽は木の実を食べずにただ、眺めている。

この美しい比喩は、快楽を求めながらそれに伴う苦難と取り組みもがく通常の人間と、静かにそれを見守り自然の至福に包まれ、世俗的快楽に耽る必要を持たない内なる観察者という人間の二面性を表現しています。その木と果実と果実を啄ばむ過程、並びにその限界と結末を眺める機会を持っているのは第二の鳥なのです。もし人生における自分の問題の大部分が自らの限られた視野で幸福を見つけようとするこの焦りに由来していると人が気付くならば、人は自分自身についての真理を知る為に、より深いレベルの自分の実存に迫ろうと務めることでしょう。

ヨーガは人生について深い真理を探ろうとするこの企ての結果発展してきたものであって、人生の問題は必ず解明できるし、永続的な解決策は人間に見出せる、ということを前提にしております。ヴェーダの後、ウパニシャッドが、森羅万象の中で自らを顕現する極めて深い存在の源泉を探ろうとする試みの今一つの筋道になりました。タイッティリーヤ・ウパニシャッドが述べる如く、全人類はこの実在から現れ、この実在の中で人生を送り、最終的にはこの実在に立ち戻り、融合してゆくのです。

ウパニシャッドとほぼ同じ時期に、仏陀とマハーヴィーラの教えが出現しました。両者とも、バラモン制度に対し反逆する形を取った点ではウパニシャッドと軌を一にしております。その時代、ヴェーダの教えを捻じ曲げて、ヴェーダの幾つかの祭式やマントラを修行して身に付けたので、卓越した能力の持ち主だと主張した一握りのバラモンが個人と社会の支配権を握っていたのです。ブッダもマハーヴィーラも、人間は自分自らの努力を通してのみ救われるのであって、自分以外に人生の渦巻く激流を渡らせてくれるものはいないと教えたのです。

仏教もジャイナ教も仏陀やマハーヴィーラの弟子達によって創設されたものですが、ヨーガを不可欠な部分とする修練を伴う生活サーダナ、即ち精神的探求を極めて重視しています。

そこから人生と宇宙の根底にある実在を系統的に提示しようとする幾つかの哲学体系が発展してきました。それが、(神とは言わないまでも)卓越した実在を信奉しながら、ヴェーダの権威を容認する、ニャーヤ、ヴァイシェーシカ、サーンキャ、ヨーガ、ヴェーダンタ、ミーマーンサーと言う六派の哲学であります。人生諸問題の見方とその解決法を発見し究極的救済に導くという点では、これら諸派の主要目的は一致していますが、哲学的問題としての問題の立て方や力点の置き方に違いが見られます。その中で、サーンキャ哲学はヨーガとヴェーダンタの哲学を基礎づける理論的枠組みを提供し、一般的にみてインド思想の後年の発展を導いて来ました。サーンキャ哲学についてリチャード・ガーブはその著『古代インドの哲学』で次のように語っています。

（サーンキャ哲学の）カピラの理論の中で、世界史において初めて人間の心の完全な独立と自由、心的能力への全面的信頼が表明された。

サーンキャ哲学は外的権威に依存せず、全ての人間が備えている心的装置、即ち自分自身を自分で観察し分析する能力によって世界と人間を理解しようとしたのです。このことは精神的な事柄において外的権威からの完全な独立の達成を可能にし、自分自身の発達を個人の責任にしているのです。パタンジャリのヨーガ理論はサーンキャ哲学に基づいて、人生を理解するための枠組と指針並びにそれを改善する方法を展開することを目指しています。ヨーガは人生の究極的到達点と共に到達点に至るまでの道筋を示しています。そこでそれは単なる理論的体系であるにとどまらず、実践的訓練法にもなっているのです。

パタンジャリがヨーガ・スートラを著して以来、彼は、ヨーガについて最も尊敬される権威者になりました。全てのヨーガ・システムはパタンジャリに大きく依存しています。パタンジャリが生きた時代は明確には裏付けられておりません。彼は紀元前二世紀若しくは三世紀に生きていたと想定されています。ヨーガ・スートラの他に、アーユルヴェーダの本やパーニニのサンスクリット文法書『アシュターディヤーイー』の重要な評釈書を書いたとも言われています。しかし、この点は専門家の間でも意見が分かれています。パタンジャリの後、ヨーガはインドの様々な地域だけでなく、外地でも特にチベットにおいて数多くの流派が発達しました。ある地域ではハタ・ヨーガやタントラが流行しました。

現代のインド哲学者の中にも今日の必要に応じたヨーガ・システムを展開した人がいます。シュリ・オーロビンドの総合ヨーガ・システムはこの方面におけるパイオニア的試みです。彼はヨーガ哲学の形で、人間の基本特性の理解の上に立って社会を調和的に発展させながら全人類の肉体的、心理的、心霊的衝動を充足させていけるような生命の全体的体系が如何にすれば展開できるかを示しました。

或いは、マハーリシ・マヘーシュ・ヨギのように、ヨーガを忙しい現代人でも至極便利に学習できるようなものにしようと、瞑想或いはプラーナーヤーマのようなヨーガの特定の側面に重点を置いて活躍してきた人たちもおります。今では身体的健康のためにアーサナに力点を置いたり、「ストレス・マネージメント」のために瞑想を教えるヨーガ・センターなどが大いに流行しております。確かに、焦点を絞った、こうした動きはヨーガを一般人に広める点では役立っておりますが、ヨーガの持つより深い意味が、その中ではしばしば見失われる結果になっています。

本書の狙い

本書はパンタンジャリがヨーガ・スートラで提示しているヨーガの中核的な教えを理解することを目指します。非常に短い格言形式で全部で 196 のスートラが提示されていますが、この形式は、哲学的論考を述べる古代インドの伝統的スタイルです。

ヨーガ・スートラは四章に分かれています。

i. **サマーディ(三昧)**ヨーガの究極目標
ii. **サーダナ(実践)**目標到達のための方策
iii. **ビブーティ(自在力)**ヨーガの道を辿るうちにヨーガ実習者が開発する心霊的能力
iv. **カイヴァルヤ(純粋絶対)**ヨーガ成就者が到達する絶対的自由の状態

この中から、私の見地からみて、パタンジャリのヨーガ体系の中核を構成している 114 点のスートラを本書では選び出しております。除外されたスートラは本書の別の箇所で説明済みの観念を扱っているスートラとか、通常の人間があまり関心を寄せない微妙な領域を扱うスートラなどです。しかし、本書から除外されたスートラの大部分はいわゆるシッディ(自在力)、つまりヨーガ実習の結果として、ヨーガ者が開発したとされる超能力に関連したものです。私が個人的に、こうした自在力に関心がないということもありますが、実際にそうした能力開発を達成した人間にこれまで会ったことがないということもあります。心を絶対的に平和にするというヨーガの真の目的から逸脱することになるので、たとえそうした能力を獲得したとしても、それを他者に自慢することはないだろうと考えるからです。パタンジャリが、何故本書にこうしたスートラを含めたのか、私は分かりません。多分そうした自在力を身につけたと称する同時代ヨーガ者たちに、彼は応答したのかもしれません。

本書ではスートラを次の三つに分けています。

第一部 ヨーガの性質と目的

第二部 ヨーガの実践

第三部 ヨーガの最終的成果

これら三つの部のスートラは、ヨーガ・スートラの様々な章から集められたもので、主題に応じて再構成されています。本書で取り上げられている各スートラには三部全体を通した一連の通し番号を付してあります。

ヨーガ・スートラの中で、最も私が関心を寄せているのは、パタンジャリが冒頭に掲げた次の三つのスートラです。

Yogaḥ citta-vṛtti-nirodhaḥ
ヨーガハ チッタ ヴリッティ ニローダハ

ヨーガは個別意識（*citta*）における動き（*vṛttis*）の静止である。

tadā draṣṭuḥ svarūpe avasthānam
タダー ドラシュトゥフ スワルーペー アヴァスターナム

その時観察者は自らの本然の形態に留まる。

vṛtti-sārūpyam itaratra
ヴリティ サールーピヤム イタラトラ

その他の場合、人は心の動きと同一化している。

私には、これら三つのスートラがパタンジャリの教えの中核であるように思えます。これらの命題は人間存在の基本的性格と人間究極の到達点を示しています。これらには広大な宇宙という存在の本質と人間の宇宙への関係を解き明かす種子が含まれています。そのすべてを理解するために我々はきわめて忍耐強くなければなりません。しかし、ともかくその方向へ向かって進み始めましょう。

ここで一言付け加えておきますと、私は自分のヨーガ全体の理解の上に立って、パタンジャリのヨーガ体系を解釈しようとしております。パタンジャリのスートラは極端に短く、かつ簡潔すぎるので様々な解釈が可能で、私の解釈が必ずしも他の人の解釈と一致しない点があるかもしれません。しかし、私がここで叙述していることは、私自身の理解と経験に基づいており、パタンジャリの基本的観念と矛盾してはいない、と思います。ただ少し私の解釈は他の人々と違うかもしれません。

チッタ

パタンジャリ哲学で鍵となる言葉はチッタ（*citta*）とチッタ・ヴリッティ（*citta-vṛtti*）です。チッタ（*citta*）の元になるチット（*cit*）は意識、自覚、知識を意味します。インドの精神的思想に関心を抱く人々の間で、全宇宙の背後にある究極的存在を指示すサット・チット・アーナンダという表現は広く流布しています。人間的観点から見ると、これには純粋存在（*sat*）、純粋意識（*cit*）、純粋至福（*ānanda*）という三つの側面があります。一般的に、インド哲学は、数多の物体と生物に満ちた広大な宇宙の背後に、一個の究極的存在があると信じています。この究極的存在については、様々なインド哲学学派の間で相異なる解釈が存在します。サット・チット・アーナンダというこの究極的存在は全ての個人の中にも現れています。事実、全ての個人は無意識的ながら、自分の存在の源たるサット・チット・アーナンダの状態に到達しようと努めています。各人は限定的存在ながら、自分の存在の源泉（*sat*）に到達したいと願っています。もちろん、彼自身は極めて限定的な知識しかないのですが、自分自身と宇宙についての全て（*cit*）を知りたいと願っています。そして、もちろん彼には自分の生活を有意義ならしめる幸福の片鱗が見えています。しかし、大体は、不幸と絶望、混乱と緊張の海原に囲まれています。でも彼としては一切の苦痛と悲哀の実存から超越している究極的至福（*ānanda*）の状態に到達することを願うのです。

この見方からすると、究極的実在の微小な表出としての人間はすべて究極的な平和や幸福、知識と自由を求め、彼のこの努力は彼自身の存在の源泉に到達するまで続くことでしょう。もちろん、普通の人間はそのようには考えないでしょう。しかし、全ての人間を奥深いところで突き動かしているものを見据えてみると、こうした結論にどうしても到達せざるを得ないのです。全ての人間に自分の生命の究極目標に到達しうる可能性があります。パタンジャリはサット・チット・アーナンダという言葉は使用しておりません。ヴェーダンタの文脈においてしばしば使われるサット・チット・アーナンダの代わりに、彼はプルシャという言葉を使います。しかし、著名な S.ラダクリシュナン博士が指摘するように、サーンキャ哲学のプルシャとヴェーダンタのブラフマンは同一であって、両者は共に存在の究極的基盤を指しています。ヨーガの様々に異なる解釈を見て、この道を追求して来た様々な人々の経験を真摯に学ぶことです。特に、貴方自身がヨーガの道を誠実に歩む限り、人により記述の仕方は異なるにしろ、宇宙には究極的実在は一つしかないことが、やがてはっきりと分かってくることでしょう。

チッタはチットの限定された側面であって、各個人に現れている制約された意識です。宇宙意識たるチットは時空を超越しており、如何なる種類の区別もなく到る所において同一です。一方、チッタは現在の活動、過去の記憶、未来の期待などを包含する個人的意識であります。個人の人生は常に彼のチッタの枠内にあり、枠外に出る方法としては、個人意識を宇宙意識に融合する、即ち自分の魂を神と合一せしめる以外にありません。これが一般にヨーガの目的とするもので、合一を意味します。パタンジャリはもちろん、人間が合一するものが一体何か、ということについては、語っておりません。彼はただ、ヨーガの目的は、心の動きの静止をもたらすものなり、と語るだけです。パタンジャリが心の活動停止の結果を記述することを差し控えた理由は、もしそうしたとすると、心による理解を越えた、つまり言葉では記述し得ない状態を思考と言語という心の活動の観点から解釈することになってしまうからです。

彼は、ヨーガの道を歩む人々に対し、心の活動を停め、超越的状態の本質を自ら発見するように勧告するのです。「自らそれを行い、発見すべし」と、これこそインドにおけるあらゆる精神的探求を目指す流派で一般的に繰り返し語られる言葉なのです。

つまりヨーガは本当のところ言葉では説明し尽くせない主題なのです。それは実践し体験されなくてはなりません。ヨーガを説明するために言葉を使えば使うほど、ますます多くの混乱が生じてしまうことになりましょう。しかし、その内的沈黙の状態に到達するために何らかの手がかりを人々は必要とするかもしれません。何故なら人々の個人意識（*citta*）は常に何らかの活動にさらされ、彼等にはそこから脱出する術が分からないからです。

チッタの本性とその動き方を理解するためには、サーンキャ哲学の枠組みを参照するのがよいでしょう。上で述べたように、サーンキャの体系はインド哲学の主要体系の一つで、ヨーガならびにヴェーダンタの哲学的基盤です。サーンキャ、ヨーガ、ヴェーダンタという三体系を一まとめにくくると、古代インド哲学の真髄ともいえる部分を構成します。ヨーガ哲学を理解するため、サーンキャ哲学の体系の簡単な枠組みを次に掲げておきます。

サーンキャ哲学の枠組み

サーンキャ哲学では、宇宙は先ず二つの要素から成り立っています。即ち、意識（プルシャ）と自然本性（プラクリティ）で、後者はプルシャのエネルギー側面なのです。このうち、意識は身体の内にあって楽しんだり苦しんだりしている受動的要素ですが、最も深い状態では世の中で起きている全てのことの目撃者として機能します。自然本性（プラクリティ）は基本的には無意識ですが、意識と深く絡み合っているので、宇宙の外見上の創造では一定の役割を果たすようになります。（最も深いレベルからいうと、宇宙は永遠に創造されたものとしては存在しません。)

宇宙の外見上の創造における最初の産物が創造的英知(マハット又はブッディ)です。プルシャ、プラクリティ並びに創造的英知のレベルでは、様々な事物や人間の間に区別はありません。事実、事物や人間はそのレベルでは存在しておりません。それから沢山のエゴ(アハンカーラ)が生まれます、そこで、同じ意識が沢山の個人「意識」に外見上分割されていきます。ここでいう、エゴとは絶対的に価値とは無関係の用語です。これは自尊心とは無関係で「私という感覚」を意味しているに過ぎません。分割され方向性を持つようになった意識の傾向を意味しています。エゴがあるお陰で、各個人は、男女それぞれの観点から宇宙を観察し行動します。自分の孤立した世界の中で喜んだり苦しんだりしています。このことは動物にも、聖人にも罪人にも等しく当てはまります。各個人には独自のエゴがあります。私が自分の渇きを癒そうとして水の入ったコップを持上げる時も、その行為は私のエゴにより着手され、影響を受けています。エゴがなければ、喉が渇いているのは私自身で、水の入ったコップを手で持ち上げ、自分の口元まで運んでいるのだということが分からなくなります。そのようにして、特定の方向へ動こうとする意識傾向がエゴなのです。エゴが無ければ一定方向へ自分を向かわせる意識の流れは存在しません。

エゴの影響下、その目的達成のために、外界の知識を獲得するために五つの感覚器官(*jñānendriyas*)とそれに基づいて行動する五つの行動器官(*karmendriyas*)が発達します。全てのエゴには心と感覚器官と行動回路があります。感覚器官とは通常、触覚、味覚、嗅覚、聴覚、視覚を指し、行動器官とは手、足、舌、性器、肛門を指します。知りたい、動きたい、楽しみたいという願望はエゴのレベルから始まります。創造的英知のレベルではそうした願望は存在しません。つまり世界はエゴの働きと共に出現するのです。心(*manas*)は、入力情報を調整し、処理して、行動を指示する仲介器官として機能するために発達します。

インド哲学では、心は、一時に一個の感覚器官に反応し、一個の行動器官を通じてのみ行動しうるので、一個の極微粒子(*aṇu*)とみなされています。そこで我々は一時に一個の感覚器官を通じてのみ外界の知識を獲得しうるのです。見ているときは聞いておりません。舌で味わっている時には皮膚感触はないのです。同じく、一時に一個の行動器官を通じてのみ意識的に行動できます。例えば、我々は手足を同時に別々に動かすことは出来ません。もちろん、我々は長期に修練を積めば多くの身体活動を無意識に同時に行えるようになります。しかし、意識的な注意は一時に一つのことにだけ向けられるのです、何故なら、情報の受信と命令の発信は微粒子である心により統御されているからです。

サーンキャ哲学の発展図式で次に来るのは、色唯、声唯、香唯、味唯、触唯(五つの感覚器官に対応する)の五つの微細要素(*pañca tan-mātras* 五唯)です。この微細要素から五つの粗大要素(*pañca mahabhūtas* 五大)地大、水大、火大、風大、空大が生成されます。

次頁の図をご覧ください。

(訳注　五大・粗大要素:地大 － 大地・地球を意味し、固い物、運動への抵抗を表す。水大 －無定形の流体、流動的な性質、変化に適応する性質。火大 － 力強さ、情熱、活動の動機づけ、欲求を表す。風大 － 成長、拡大、自由を表す。空大－ 虚空 *ākāśa* の訳。)

肉体内部に閉じ込められている意識的要素は通常個別霊魂(*ātman*)と呼ばれます。これは宇宙意識、即ち神の部分であり、それと同質です。しかし、無知とエゴに誘導される傾向のため、幽閉状態にあります。英知の次元(*Buddhi*)はエゴの次元(*ahańkāra*)の上部にあることに注目してください。英知の次元では個人間の区別がありません。一方、心はエゴの下部にあって、常にその影響下にあります。人間の苦悩は主として、人間がエゴに捉われていて、落ち着けないことに起因しています。

図式で二つのエゴの間で重なり合っている部分はエゴが全面的に孤立し得ないことを示しています。

サーンキャ哲学による宇宙の構造

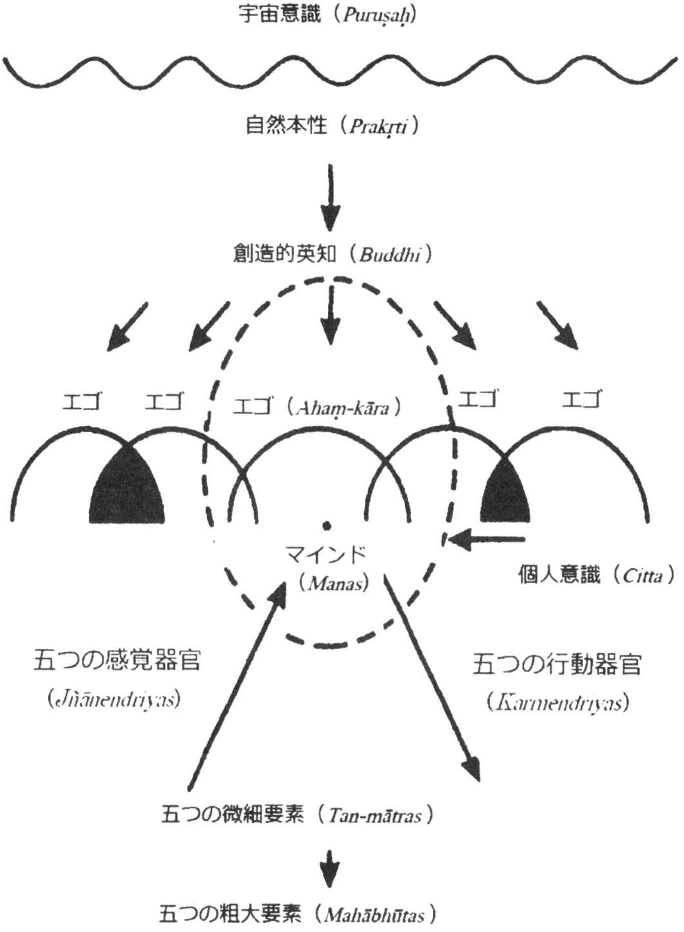

家族、社会、職場、宗教、国家等の成員はは集団の成員として成員全部に影響するものがあるので、一緒になって楽しみかつ悩むのです。一国の市民は国際試合で自国チームが勝利すると喜び、家族の成員はその成員が死去すると悲しみます。人間の心に落ち着きがなく、エゴが強ければ強いほど、人間の悩みは大きくなります。統御不能な心と押さえが利かなくなったエゴの状態を乗り越え、英知の平和に溢れた状態まで人間は上昇しなくてはなりません。

チッタとエゴ

パタンジャリはヨーガ・スートラの中でチッタの説明をしておりません。彼が生きた時代、チッタという言葉は頻繁に使用されていたため、その意味を彼は説明する必要性を感じなかった可能性があります。この言葉は、しばしば「心」と訳されます。パタンジャリがチッタと呼んだものは、インド哲学の文献ではしばしばマナス(マインド)と言われます。もちろんパタンジャリが意図していたことは、チッタが時折マインドという言葉によっても指示しうる人間の内的側面を指し示すことです。しかし、ヨーガの基礎をよりよく理解するために、我々としてはチッタの概念をいま少しはっきりさせておきたいと思います。

前頁に掲げたサーンキャの枠組みの図式を参照すれば、点線で囲まれた領域がチッタ即ち個別意識を示しています。図式が示しているように、この領域にはエゴと微粒子としての心、五つの感覚器官と五つの行動器官が含まれています。プルシャ(宇宙意識)とプラクリティ(自然本性)ならびにマハット即ちブッディ(創造的英知)はどこにあっても永遠に同質です。何の区別もありません。宇宙意識はその深い状態にあっては、いかなる方向への動きもありません。方向性のある動きはなく、ただ振動するだけです。しかし、エゴはその本来的性質からして、特定方向へ向かって動きます。自分の視点から世界を眺め、自分の観点から世界の中で楽しみ行動したいと思っています。つまり世界の問題はエゴのレベルで初めて発生するのです。

内面を見ると、我々は意識的存在なのに純粋意識なるものは決して感じ取れないことが分かります。我々の意識はエゴの影響下で形成される何らかのイメージに常に取り囲まれています。これらのイメージは、自分の身体、家族、職業、社会、国家、宗教或は世の中一般に関連しています。こうしたイメージについての意識から様々な思念が生まれます。世の中とか自分自身についての我々の理解はこうしたイメージにすべて制約されます。もちろん世の中の全ての問題もこれらのイメージに関連します。我々の問題の大部分はエゴ同士の衝突によって生み出されたものだ、ということが分かるでしょう。

何かが起こったということは、我々の人生の中で多くの物事を体験したということです。それらは記憶として今なお自分の意識に残留しています。それらのことを考えながら、関連する活動を行ってきました。それらの経験も我々の記憶の部分になっています。世の中についてのある種の情報は感覚器官を通じて我々に到達し、記憶に所蔵されているそれ以前の印象と新情報が結合して出来上がった情報に基づき、我々の心は活動してきました。ある時点での必要を満たすのに必要な活動を実行するために、ある命令が行動器官に送られます。要するに、情報を受け取り、それを処理して活動し、また情報を受けとり、それを処理して新たな命令を発すると言うのが我々の人生の流れです。これは見たところ際限のないサイクルであり、それが最初から最後まで我々の人生を構成しています。

発展過程では、このサイクルの動き方の中に顕著な変化が起きます。心の活動を促す刺激は必ずしも外部から来るのではありません。しばしば、心の内部のイメージとか思考が心の働きを動かすことがあります。その働きが新たな刺激になり、思考と呼ぶ過程がいくらでも続いていきます。行動器官は働きません。ただ、時折、独り言を言う人の場合に、舌の活動を伴うこともあるでしょう。発展した心の持ち主の意識的生活は頭脳内部における思考という形で大部分の時間が過ぎていきます。

エゴ

エゴとは特定方向へ向かおうとする宇宙意識の傾向なので、チッタに現れたその意識の不可分の部分として常にあり続けます。ここで再びエゴという言葉は中立的用語であることに注目して下さい。個別生命において全てのものがエゴに誘導されます。それがないと人間は自分の身体、あるいは自分の周囲の世界との関係が保てなくなってしまいます。しかし、プラクリティの全ての産物と同じように、三つのグナ即ちサットワ（晴朗性）、ラジャス（常動性）、タマス（鈍重性）から成立っています。それぞれのエゴの性質が人のたどる人生の型を決定します。サトウィック（晴朗な）性質の人は他者と揉め事がありません。彼らは他者に影響を与えたり自分の目的に他者を利用したりしたいとは思いません。ラージャシックな性質のエゴは他者と沢山の軋轢を抱えます、何故なら自分の欲望充足のために、他者に影響を与え、利用したいと考えるからです。ターマシックな性質の人は他者と抗争を起こしませんが、それは自らの限定された身体的欲求に見合うように環境と自分を調整するからです。そうした人は他者に従うことで満足しています。

個別エゴに反映している意識は宇宙意識の微小部分に過ぎません。どんなに独立心の強い個人でも、自分の人格を構成するグナの影響下で活動しています。ではエゴはどんなことを達成したいのでしょうか？エゴの為すがままにしておくと、エゴは、i.何事も知りたい、ii.何事もしたい、iii.何事も楽しみたい、のです。世の中に一人の個人しかいなければ、その人間は自分のエゴのあらゆる欲求を充足させようとするでしょう。しかし、世の中には沢山のエゴが存在し、様々なエゴが同時に同じものを持ちたいと願っても、世の中にある物や機会の量は限定されているため、抗争が起きてしまいます。我々は何かしたいと思っても、他者の邪魔があってそうすることを阻まれてしまった場合、自分内部のエゴの圧力をことごとく思い起こすことができます。異なる集団間、企業体の労使間、政党間、時には家族の成員間にも、おのずから紛争の種があるのです。全ての戦争は見かけは国とか宗教の形を取っていますが、集団的エゴの圧力がぶつかった結果です。人間は全て各自のエゴの影響下でのみ行動します。エゴのレベルを超えて、純粋英知のレベルに到達するまでは、他の暮らし方はないのです。

エゴは人間のあらゆる活動の背後にあります。エゴの影響下、自分の分野で、他の人よりも自分が優れていることを見せつけたいと望みます。スポーツ競技の分野では全く自明のことです。スポーツマンは自分のエゴを満足させるため自分の身体的腕前を増強させる不法薬物を摂取することさえあります。大部分の政治家にもこの傾向があります。不幸にしてこの傾向は宗教や精神世界の分野でもしばしば見られます。「私の宗教はお前の宗教よりましである」「私のヨーガ・システムは他のヨーガ・システムより優れている」といった考えは宗教的、精神的生活の目的を全面的に歪めています。世界の宗教的抗争の大部分は、異なる宗教の信者たちの集合的エゴが各宗教の教義により支配され、自分達の宗教だけが唯一真実であると思い込み、これを人類唯一の宗教にしたいという気持ちで動かされているという事実に起因しています。こうした考え方が世界中の教育ある人達の間でも容認されていること自体、世代から世代へと子供達に提供されている教育の質の哀れな姿を示すものです。

人生の全てはチッタの中に

人間の人生で起きている全てのことは、実際にはチッタの中で感じているのです。我々は世界が自分の意識の中に入ってきた限りにおいて、自分の世界を知るのです。そこで自分の住む町といっても自分が通る部分しか自分では知らないのです。地球上で知っている国と言っても我々が何かしたことのある国に限られます。その情報もごく限られた地域のものに限定されます。我々が知っているように見える人々についても実際は極く限られています。自分達の親族、友人、同僚、職場、国家、宗教、世界といっても実際は他のものと比べて、ほんの少しばかりはっきりしている所があるだけです。簡単に言えば、ある時点における世界は、その時点で我々のチッタに映っている部分だけが存在しているのです。その他は極めて曖昧な概念です。また、チッタは不断に変化し続けます。特定の時点で自分にとって重要な人間も事柄も記憶から次第に霞んで行きます。新入りが来ます。学生時代チッタの大きな部分を占めていた多くの学友も意識から次第に遠のいていきます。新しくチッタに流入して来るものもあれば、こぼれていくものも沢山あります。我々自身は何者でしょうか？私は本当に誰なのでしょう。自分自身についても我々には曖昧な概念があるだけで、その概念たるや常に変化し続けます。我々は身体を含め自分達自身についてごく僅かしか知りません。

チッタに入って来なかったというだけで、我々は世の中の人や物の大部分に無関心です。自分に所属するもの、自分のチッタの部分になっている人や物に満足を覚えます。我々の問題はそれらの人や物に関連しています。そうしたものに期待を寄せ、期待が裏切られると、我々は悲しんだり怒ったりします。しかし、もし我々が誰にも期待を抱かなかったら、誰とも問題が起こりません。我々の本当の問題は特定個人にあるわけではなく、自分の態度、つまり彼らに対する自分のチッタ・ヴリッティにあるのです。

ヴリッティ（脳内活動）

チッタについて、ヨーガで理解しておくべき最も重要な概念がヴリッティです。サンスクリットでヴリッティとは活動もしくは出来事を意味します。パタンジャリはチッタ・ヴリッティには快適なもの、不快なもの等が五種類あるといいます。彼に従えば、我々の個人意識は常に、次の五つの状態のいずれかです。ⅰ.正しい認識（*pramāṇa*）、ⅱ.誤った認識（*viparyaya*）、ⅲ.言葉による概念化（*vikalpa*）、ⅳ.睡眠、ⅴ.記憶。これらヴリッティの説明は本論の5番から11番までのスートラにあります。パタンジャリのヴリッティについての見解はそこで明らかになるでしょう。

別の観点から見たヴリッティ

ヴリッティの性質と作用は少し別の仕方で理解できるように思います。各時点におけるマインドの状態、私が五つのヴリッティという場合には、次の五つになります。即ち、フィーリング、知覚、記憶、思考、想像です。これらについて簡単に見ておくことにしましょう。

フィーリング　他のヴリッティの働き決定する最も基本的なヴリッティがフィーリングです。我々は常に何かを感じています。通常我々は特定のフィーリングに気付かずにいて、そのフィーリングから目立った結果が現れて来てから、ようやくそれに気付きます。そこで自分の内にある怒りを意識せず、その影響で現われた行為や発言から、それに気付くのです。しかし、行為にせよ発言にせよ、もちろん自分の内に怒りのフィーリングが存在しなくては、それは表に現れて来ないものです。状況次第で様々な形で表面化し続けるのフィーリングの奥に最初の最も基本的なヴィリッティが、あります。フィーリングは常に変化し続け、如何なる時でも同一のフィーリングを保ち続ける方法はありません。実際、フィーリングは自然発生的なものです。それらは自分の内部にひとりでに生起してくるのです。時にはその原因が想定できることもあります。例えば、誰かが自分達を侮辱したので彼らに怒りを覚えるのだという具合です。しかし、大抵自分達のフィーリングの原因は意識的理解を超えています。フィーリングは複雑な性格を持っており、沢山のフィーリングが絡み合っています。我々は特定個人に対し愛情と尊敬と不安と恐れを次々に感じます。自分で感じたいと思ってもそうした感情をすぐ掻き立てることはできません。そうしたいと思っただけで特定個人を愛したりあるいは憎んだりすることはできません。特定の時点で自分の内部に湧いてきたフィーリングに気がつくと、それに従って行動したり話したり考えたりし始めるのです。

知覚　第二のヴリッティが知覚の動きです。外部世界の全情報は知覚の働きを通して我々にやって来ます。通常、我々はある物や人についての原初の知覚に留まらず、そのすぐ後、知覚対象について心は何らかの観念を持ち始めてしまいます。とはいえ、何の属性もない一個の知覚たる“そのもの自体”についての名前なき知覚がまず存在して、その後から知覚した物や人に関連した観念が現れるのです。我々が知覚するものはその時点におけるフィーリングに依存します。物や人の知覚の仕方はそれらに関連した連想によって色づけられます。そこで我々の知覚はよく誤っていることがあるのです。我々はしばしば自分に対するほかの人の気分を誤認します。友人が意識的にある場所で我々を殊更無視した、と思う場合がありますが、実際のところ彼はそこで我々の存在に全く気付かなかっただけかもしれないのです。物事は通常我々がそうだと知覚するものでは実際ないのです。

記憶　今の図式に従えば、ヴリッティの三番目は記憶の働きです。知覚された物とか人並びにそれらに関連し、その後に続く物事は我々の記憶に貯蔵されます。時が経つにつれ幾分霞んでいきますが、その痕跡は残ります。記憶は生活の中で以前起きた物事を思い出すときに使われます。しかし、記憶は現時点で知覚している物や人について観念を持ち始める際にも介入してきます。誰かが、「私はそこにリンゴの木を見る」と言っている時、彼は自分の記憶を使っています。木を見て木と認知するにも記憶との連合があります。そのような記憶がないと、その周囲の物事から木は見分けられません。現に知覚している物体に関する我々の観念の全ては実際の知覚部分ではなくて、我々の記憶に基づいています。この世界について何らかの意味を我々が汲み取れるのも、これは我々の記憶が沢山の物や人や出来事についてのイメージを蓄えていて、そのイメージに基づき我々が周囲の世界を理解しようとするからです。そうしたイメージなくして我々は何かについて何かを知ることは出来ません。実際、それがなければ我々は自分が誰なのかを知ることも出来ないでしょう。何故なら自分自身の存在に関する我々の観念さえ自分について持つイメージに基づいているからです。これらのイメージは全て過去に我々に起きた事柄の記憶に基づいています。そうしたイメージや連合する観念がないと、我々は自分が誰であるかも分かりません。

人々について抱く我々の困惑や問題は、大部分、我々が人々に対し誤ったイメージを持つことに起因するということにも注意しておきましょう。我々はつい過去のイメージをもって人を見てしまいますが、その人は会っていなかった期間に変貌していたかもしれないのです。自分自身についても、過去の記憶に基づく観念がありますが、我々は常に変化し続けているのです。パタンジャリがヨーガ・スートラの中で、述べているように、我々は自分の頭脳活動の一切が静まった場合にのみ、自分の真の姿を知ることができるのです。しかし、それは我々の通常の境涯ではありません。我々は常に自分の記憶にあるイメージに基づいて、自分が誰であるかということを考えています。

思考　四番目のヴリッティが思考です。思考とは常に我々を包むように取り巻いている頭の中の意識過程です。何らの考えも頭に浮かばない時は意識のない時です。思考は我々によって作り出されるものではありません。シュリ・オーロビンドは、「我々は考えていない。我々の中で思考が起きているのだ」と、語りました。思考過程は我々の内側でフィーリングによって支配されています。フィーリングは自動的なもので、我々の内部でひとりでに起き続けていますので、そうしたフィーリングによって作り出された思考によって自分自身が取り巻かれているのに気がつくのです。そこで青年が恋に陥ると、他の全てのものを除外して自分の愛の対象について考え続けます。侮辱されると我々の意識は傷つけられたという感情に結びついた思考に取り囲まれます。それに関連した思考はたやすく止められません。落ち着いた仕方で、ゆっくりと、いわば自分の思考を眺めるように、思考過程を点検することが必要です。自分の思考を深く点検すると、自分の真の性質が分かりはじめるでしょう。しかし、通常こうしたことは起きません。その時点での思考に心を奪われていて、自分の思考そのものを眺める余裕がないのです。思考の次元を超越したとき、始めて我々は思考とは何かということが分かるのです。それはヨーガの精神的探求を通じてのみ可能になることなのです。

想像　ヴリッティの最後が想像です。思考は現実に束縛されているので、何か問題を解決する際には想像が役立ちます。想像は何の束縛もない、心の飛躍です。想像は生活の中で大きな役割を果たします。我々は幸福な生活或いは理想的社会を想像し、努力を通じて現実化しようと努めます。アインシュタインは自分の発見は想像力の自由な飛翔によって達成されたもので、論理的思考過程によってなされたものではない、と述べています。普通の人々が信じている全ての宗教的な事柄は想像によって作り出されたものです。そこには彼等の恐れと願いが含まれており、他の人々の恐れや願いと食い違う場合があります。このことが社会に多くの抗争を作り出しているのです。こうして想像は、一方で非常に創造的ですが、他方では非常に破壊的にもなりうるのです。

上に挙げた五つのヴリッティはパタンジャリのものと共通性があることに注目していて下さい。パタンジャリのプラマーナ（正しい認識）の代わりに、私は知覚を取り上げました。ある知識が正当であるかないかは、記憶とか思考という多くの他の頭脳活動によって判断すると考えます。ある理由から、ヴィパルヤヤ（誤った認識）をチッタ・ヴリッティに含めておりません、何故なら、ある事柄についての認識が誤っているかそうでないかを決定することは、知識が正しいかそうでないかを決めることと同じ活動だからです。私はヴィカルパ（言葉による概念化）に思考過程の一切を含めて解釈しています。記憶はパタンジャリの言うのと同じチッタ・ヴリッティです。睡眠（*nidrā*）はチッタ・ヴリッティには含めておりません、何故なら睡眠は我々の主題たる一切の頭脳活動の静止（チッタ・ヴリッティ・ニローダハ)をもたらそうとする意識的な頭脳活動の分野を指すものではないからです。

ヨーガ実習者は自分の心の働きを自ら自分のために理解しなければなりません。上述したことは自分の心の働き方を理解する上で多分役立つでしょう。これらのヴリッティは単独では動きません。フィーリングが我々の意識的生活の全体を覆っていて、フィーリングなき状態にあることはありません。我々の知覚はしばしば記憶と混合しています。思考はフィーリングと同じように、我々の意識の中で常在しています。我々に意識がある限り我々の心に何らかの思考が存在しています。そこで想像は知覚と思考の中で遍在的役割を担っています。かくして我々の生活はチッタ・ヴリッティの絶え間ない遊戯となるのです。

チッタ・ヴリッティは自然発生的

人間は自分が独立的存在であり、自分がしたいことはすることが出来ると考えますが、これは自然なことです。資力さえあれば、好きなところへ行き、好きなものを食べ、休日に読書し、遊んだり、休んだり等々することが出来ます。しかし、詳しく見てみると、人間は本当に自分の行動の自由な主体ではないことが分かります。人は常時、自分のフィーリングに導かれており、そのフィーリングに対して統御がきかないのです。自分が朝何時起床するかということは、その時点におけるフィーリングに依存しています。朝食に何を食べるかは別のフィーリングに依存しています。新聞紙面のどこを読むかということは、また別のフィーリングが決めてゆきます。職場へ行く電車の中で何をするかはその時点でのフィーリングで決まるというわけです。人間が統御しえないフィーリングだからフィーリングなのです。自分の意志で作り出すことはできません。幼児期に神を信仰するように条件付けられた人が突然無神論者に変るとか、その反対のことが起こることはありません。人間がどのような形の神を信仰するかということも、神について彼のチッタの中にどのような形のフィーリングが起きるかに依存しています。ある人は神を恐れますし、別の人は神に向かい何かを求めます。神について単なる好奇心を持つだけの人もいます。人間が神について何を為し、語り又は考えるか、ということを決定するものがフィーリングです。つまり行為の主体は実際フィーリングなのです。人間はフィーリングの指示を運ぶ道具に過ぎません。その意味で全ての人間は、そのフィーリングとそれに続く思考過程の囚われ人に過ぎないのです。

以上のことがよく分かれば、我々はチッタ・ヴリッティ・ニローダハ、つまり全ての思考過程の静止の重要性が理解できます。我々は一つのフィーリングに別のフィーリングを以って対抗させます、例えば、恐れを抱くときに勇敢に振舞うとか、敵方への憎悪に愛情を以って報いることが可能です。恐怖感を愛国心の喚起で乗り越えることもしばしば見られます。しかし、それは一つのフィーリングに別のフィーリングを動かしているに過ぎません。この動きは半意識的なもので、多かれ少なかれ心の自動発生的な働きです。そこでパタンジャリは、良い悪いは問わず、全てのフィーリングを統御すべしと説くわけです。あることに対し、良いとか悪いとかという想念もチッタ・ヴリッティです。ある事柄の判断はそのものとの連想に染まっています。そこで真理を知り、フィーリングの束縛から自由を得るには、我々は完全なチッタ・ヴリッティ・ニローダハに到達しなければならないのです。我々が自分の心の一切の動きから自由になり、内面的に完全なる静寂を体験した時こそ我々は、自分が実際何であるかを知り、完全に自由な状態で行動することができるのです。

頭脳活動休止の困難性

しかし、パタンジャリがチッタ・ヴリッティの静止について、何か語ったことを理論的に理解することと、実際に平静を保ち、心が何の動きもしなくなるように導くこと、とは別のことです。我々の意識生活は全て頭脳の活動により成り立ちます。心の外にあるものは、一切知ることができません。一切の頭脳活動からの脱却とは、我々が知りうる全生活からの脱却みたいなものです。するとそれは内に恐怖と不安のフィーリングを生み出します。

かつて私がスウェーデンにいたとき、一人の若い女性が瞑想を習いたいとやってきました。私は瞑想の理論を説明し、心の中で繰り返し唱える簡単なマントラを与え、これを繰り返せば心は平静になるはずだと告げました。それだけ言って私は部屋を出ました。約20分経ってから再び部屋に戻ると、彼女の顔に当惑の表情が表れているのを見て、私は驚きました。

何が起こったのかを尋ねると、彼女は、「貴方が部屋を出て、心の中でマントラを唱え始めると、間もなく私は自分が消滅するかのような感じがしたのです。私は怖くなってマントラを唱える代わりに自分自身がなくならないように自分の名前だけを繰り返していました」と答えたのです。

この出来事は、ヨーガの深い教えを学ぼうとするとき、多くの人々が直面する現実的なディレンマを示しています。彼等は人生で永続する平和と幸福を求めてヨーガに関心を寄せています。しかし、自分の考え方や生活の仕方を変えることは望みません。つまり彼等がヨーガを学ぼうとしているのは、彼等の通常の生活をより上手に送れるようにしてくれる限りにおいてのみなのです。そのため、彼等の人生問題が起こり続けるのは当たり前です。

大多数の人々にとって、アーサナとプラーナーヤーマは、彼等の慣れ親しんだ生活に容易に馴染めるものに出来ますので、よいものです。誰でも皆健康な身体を持ちたいと思っていますので、それに役立つ活動は歓迎すべきものでしょう。瞑想がストレス調整に役立つものであって、彼等の心を従来どおりの生活にしていく上で、十分にほどよい状態にしてくれるものである限り、瞑想を学習することはよいことでしょう。しかし、これはヨーガの本筋ではありません。ヨーガが我々に教えようとしていることは、人生に対する全く新しい世界観と新しい生活の仕方を獲得することです。何でもより多く欲しい、競争には勝ちたいという態度を受け入れる余地はヨーガにはありません、何故ならそうした生活は常に落ち着きのないものになるからです。貪欲に駆られ、競争し続ける生活の限界とそうした態度がもたらす苦悩をよく弁え、あくまで内なる平和と幸福を探求しようと意識的に決意した人々だけが、ヨーガの道をたどることが出来るのです。彼等は別に物質的に貧困生活を送るわけではありませんが、うわべだけを着飾るような生活には魅力を感じません。大概の人々は外見志向で、彼等の生活は物質的なものの果てしなき追及に終始しており、真のヨーガの道は、ごく少数の人だけにより探求されているのです。そこで世界中の様々な施設でヨーガの名前で行われていることは、ヨーガの名前の宣伝には役立っていますが、そうしたヨーガの名で行われている外面的活動では、ヨーガの真の教えは全く見失われているということに注意しておくべきでしょう。

チッタ・ヴリティと言語

パタンジャリは、ヨーガ・スートラの中で言語について直接的には触れておりません。しかし、彼が三種のチッタ・ヴリッティについて触れた部分、即ち正しい認識、間違った認識、言葉による概念化という項目は明らかに言語を想定しております。疑惑、論争、思考、意味などに言及している項目も言語を内包しています。言語全体はチッタ・ヴリッティではありませんが、我々のチッタの内部にチッタ・ヴリッティが存在するのであって、その外部ではありません。

一方話し言葉の中の言語は部分的には物理的過程ですが、言語の意味と思考の部分は我々のチッタ・ヴリティと密接に関連しております。

インドの伝統では、心と言語の間には密接な関係が常に認識されてきました。自分の心を直接知るわけではありませんが、言語を観察し思考を通じてその本性と働き方は知ることが出来ます。言語とは、思考と感情を表現するために人間が発明した道具である、とする誤った観念があります。この定義は、我々の思考と感情を表現する際に使われる言語の1パーセントにも当てはまりません。成熟した大人が使う言語の

99 パーセント以上は、話し言葉として外在化することのない思考に費やされます。一切の思考には言語が関係します。そして思考は、言語を道具として使用する我々とは無関係の過程ではありません。道具とは、ある目的達成のために我々が手に取るものであり、その目的が達成されれば、脇に置いておける何かであります。我々は途中で思考したくないと思っても、自分で言語の発生を中止させることは出来ません。自分の内面を眺めてみると、ある種の言語を媒介にして自分の心の中に何らかの思考が常に湧き出して来ているのが分かります。深い瞑想状態を除いて、我々の心の中の言語の発生を止めることは事実上不可能です。このことは、会話の際に声の出し方を工夫するとか、文章作成の際に単語を選択するといった表面的レベルは別にして、言語というものは、自分ではコントロールできない自然発生的な過程であることを示しております。

言語の本性を理解するため、次にいくつかの項目を掲げておきます。

ア．言語は物ではなく過程である。

物とは、ある期間、外見的に変ることなく存在する一つの実体です。一個の石とか鉄片は、一個の物と見做されます。現代科学に従えば、無数のエネルギーの分子若しくは波動のイベント〈事象〉の複合体が実際には存在するわけですが。一方、一つの過程は時間経過の中で常に変化し続けます。山は一つの物と言えますが、川は過程であります。言語は決して静止しておりません。印刷された単語は言語ではありません。それらは人間の頭脳の中に、音声を作り出す手段に過ぎません。生の言語はそれを話す人間男女の頭脳の中に常に湧き出しているものであって、その外側には存在しません。

イ．言語は過程なので、ドゥーイング（行為）ではなくハプニング（自然発生的過程）である。

ハプニングは、人間として統御し得ない過程です。星の輝き、雨降り、心臓の鼓動はハプニングです。ドゥーイングは、人間が為すものであって、人間が統御できるものです。そこで料理とか食事はドゥーイングですが、食物消化はハプニングです。人間は通常頭脳の中の言葉の発生を止められません。つまり、言語はドゥーイングではなくハプニングなのです。

ウ. 言語の源泉は人間を超えたところにある。

もし頭脳の中の言葉の発生を人間がストップできないとすると、明らかに言語の源泉は人間を超えた所にあるに違いないのです。古代インド人は超人間的な力を想定し、人間の言語と思考の形で顕現する一切のものをヴァーク(Vaak)と名付けました。新生児に言語はありませんが、暫くすると子供の発声器から言語が流れ出し始めます。子供は単語や文章が何であるかを知る前からしゃべり始めるのです。彼は質問が何かを知る前に、質問を発します。特定の目的にそって言葉を選択する以前から、彼の言語は感情を表現しています。幼児に顕現し始めているのは、まさに、何らかのある力なのです。その同じ力が我々の生涯を通して我々の言語を支配します。

このように言語は自律的な過程であり、これはチッタ・ヴリッティ全てにも当てはまります。我々の言語は自分のチッタに常に起きているチッタ・ヴリッティの一つの現れなのです。言語の意味と思考の部分は我々のチッタ・ヴリッティと密接に関係しあっています。我々のチッタ・ヴリッティがどのように機能しているかを見極めるには、自分の言語と他の人々の言語をよく観察することです。我々は人々の話し方を通じて人々の感じ方や考え方を知ることができます。

様々な人々の言語の使い方を見ていると、我々は言語が具体的なものから抽象的なものへと発展していく、ある種の発展過程を認識することが出来ます。この発展過程は次の様になるでしょう。

i. 我々の身体的環境と身体的欲求に関係する最も具体的なレベルの言語: 食物、衣服、性交、娯楽、購買、販売、それに関係する損失と利益。大方の人々の一般的言語はこの範疇に属し、子供の言語も具体的性質のものです。

ii. 社会的論説の言語: 社会学者、心理学者、政治家、経済人、哲学者の大部分の議論、大多数の文学作品もこの範疇に入ります。

iii. 抽象的なものの言語: この範疇には、数学と科学の言語、敬虔な神秘家の言語、高度な哲学のある部分の言語が含まれます。科学と数学の言語には明確な定義があるので様々な人々の間で共通理解が可能です。一方、神秘家の言語は神秘体験のある人にとっては確かな意味がありますが、その体験のない人には理解されません。ともかく、科学者と神秘家は抽象的レベルの真理に関わります。

iv. 思考を扱う思考の言語: これは言語の限界を扱う議論の形を取ります。西洋には、この方向を目指す新しい潮流があることはありますが、この議論の形式をとる言語はごくわずかです。インドの伝統では、言語の本性やその限界について直接、間接に議論する事例はかなり多いのです。

v. 本質的に言語を超越したものを表現する言語。純粋な神秘主義、ヨーガ成就者の言語がこれに当たるでしょう。

さて、深いレベルのヨーガは、上述した言語の最終段階、即ち自ずから言語を絶した境地を我々が経験する段階にまで至らしめます。そこで使われる言語は真摯な求道者に真理の本質を伝授する際にどうしても必要なのです。明らかにヨーガの奥義について議論を重ねるわけにはいきません。理論化を超えたものについて理論は立てられませんので、一切の言語を超越した直接的経験を何とか物語ってみるだけになります。それについて実際、言いうることは、「ともかくやってみて、自分で見てご覧なさい」ということです。以上のことによって、普通の人はヨーガの奥義には関心を持たないのです。人の意識水準はすべて様々で、それは言語と思考のレベルに現われます。世俗的生活を送る普通の人間は美容と健康を目的としてヨーガをするので、ヨーガの奥義を学ぶまともな候補者にはなれません。

「チッタ・ヴリッティ・ニローダハ」とは、完全な心の静止状態に到達した人が四六時中思考を停止することになるというわけではないのです。それが意味するものは、そのような人は思考が役立つ場合、役立たない場合を明白に理解するだろう、ということです。J・クリシュナムルティは「思考はこれまで如何なる問題も解決したことはないし、これからもそれはない、実際、思考が唯一の問題なのだ」と語りました。科学技術における思考は有益なものですが、内的生活について思考は問題解決にあまり貢献しません、それは問題を複雑化するだけです。

その理由は明白です。科学技術は明らかに定義づけられた意味のある用語によって発展してきました。科学者は、時折差異はあるものの、少なくも何について語っているのかということがわかっています。そこで電子について語っている時は、それを陽子と中間子とははっきり区別できます。しかし、内的生活では、実体と問題は明確に定義されておりません。例えば、全ての人は幸福を求めています。しかし、幸福が実際何を意味しているか、如何にそれを獲得するか、ということは、ほとんど知らないのです。心の平和なくして幸福は獲得できるのでしょうか。平和と幸福は電子と陽子のように別物なのでしょうか。満足している場合、人間は平和と幸福を別々に求めなければならないのでしょうか。そうした論議における問題は、内的生活に関する用語の意味の曖昧性によるためで、この問題は常に存在するでしょう。ヨーガに関する言葉を含め内的世界の用語は出発点の段階でのみ役立つだけです。求道の道を辿る場合、その後は全て各個人が独力で歩まなければなりません。

内的生活の領域で最大の混乱と緊張が存在しているところは、宗教の領域です。各宗教の信徒は、宗教の教えに従い、神とか涅槃、救済とか天国を求めています。しかし、大抵の場合、何を求めているのか、何について語っているのか、分かっておりません。一つの例を挙げますと、神という用語は正確に何を意味しているのでしょうか。それはキリスト教徒やイスラム教徒が信じているように、我々とは異なり、我々を上から眺めていて、我々の殊勝な行い、罪深い行いを覚えていて、来世でそれに報いたり、罰を与えたりする何らかの力でしょうか。人間の魂と神は別物でしょうか。或いはヒンズー教が教えるように、人間の魂は神の意識の一部なので、そのため、我々が自分の魂を知れば、神が自分の内に在ることが、分かって来るのでしょうか。

さてどうしたらよいでしょうか。これらは我々の内的生活に関するものだけに,答えるには難しい問題です。チッタ・ヴリッティと言語の関係を議論しながら、我々は言語の本質と制約を理解しなければなりません。内的生活に関する言葉は明確な意味を持っておりません。ヨーガは我々の内的生活に極めて深く関わっています。そこでヨーガを理解して実践するために、心を出来るだけ平静に保ち、不必要な言葉が産み出されてこないようにしなければなりません。チッタ・ヴリッティ・ニローダ(心の動きの静止)の状態とは内発的な無言語状態です。その完璧な内的静寂状態において言語の本性が現れるのです。この消息を次に記しますが、その状態において我々の内なる神を見出すのです。

ヨーガと宗教

最近の大概のヨーガ教師は、ヨーガは宗教ではない、と公言しております。ヨーガは実践するもので、如何なる宗教にも従うものではない。

ヨーガはキリスト教徒をより良きキリスト教徒に、仏教徒をよりよき仏教徒に仕立てる等とさえ公言する人もおります。多くのヨーガ教師はヨーガを教えたり、それについて書物を書いたりする場合に、宗教に言及することは慎重に避けているようです。過去数十年間にわたり、インド以外の国々で受け入れられるだけでなく、かなり流行してきております。しかし、この過程で、ヨーガの本質的特質が見失われております。ヨーガ教師達は自分が教えているのは宗教とは無関係だと言うことを言わざるを得ないと感じているようです。インドのヨーガのグル達でさえヨーガは心と身体との間の調和を作り出す科学であって、それぞれの宗教的信条に従いつつ、各人の生活改善の為にヨーガを実修するのだと、言い出し始めております。こうした成行きから彼等はヨーガの本当の意味と目的をかなり歪めています。

ヨーガにおいて肉体部分は、心が健全に機能するための道具として鍛えることで、心の発達に資する限りにおいてのみ意味をもっております。もちろん、誰にとってもアーサナとかプラーナーヤーマの実修は役立ちますし、その部分は、宗教的信条とか内的生活などとは無関係に済ませます。当然なことながら大部分のヨーガ教室は実際上、アーサナとプラーナーヤーマに限定しております。しかし、これはヨーガの基本的課題の10パーセント部分にも当たらないことなのです。確かに、ヨーガはヒンズー教、キリスト教、イスラム教、仏教などの宗教と同じ範疇の宗教ではありません。初歩的段階では、ヨーガの道を歩み始めたとしても、自分の宗教から決別する必要はありません。しかし、内面的に進歩してヨーガの内的な深い境地に修行が進むと、ヨーガを通じて獲得した体験と自分の伝統的宗教のドグマとの矛盾がどうしても表面化して来るのです。

全ての宗教とその宗派は何らかのドグマに基づいております。特定の宗教に従うということは、一定の超人間的な神格、天国と地獄、徳と罪などを信じるばかりでなく、特定の宗教の聖典で述べられていることに従って自分なりの信条を作り上げねばなりません。ということはキリスト教徒として生まれたら、良きキリスト者たるためには、ドグマ通り、何よりもまず、神がイエス・キリストという一人子を二千年前に地上に送り届けたところ、結局は全人類の罪を贖うために磔刑に処せられることになったということを信じなければなりません。この信仰から逸脱すれば、同じ信仰の同胞から厳しく糾弾されることになります。同じことはイスラム教のドグマについても言えます。ヒンズー教と仏教は原初的な形では、そのようなドグマはなく、如何なる外部的権威にも依存することなく自分の内なる真理を直接実現していくことをひたすら求めておりましたが、今ではそれらの信奉者の間に、キリスト教やイスラム教と似たような信仰体系を実現して行こうとする明らかな傾向が明白になってまいりました。

ヨーガの深い教えを実現するには、我々は人間の内的世界のあらゆる側面に立入らなくてはなりません。ドグマに基づく宗教に関し、基本的に理解しておかねばならないことは、一切のドグマが言語で表現されているということです。言語についてこれまで述べてきたことに、更に付け加えるべきことは、我々は普通あまり気付いてはおりませんが、言語にはかなり厳しい制約があると言うことです。我々は言語で考えておりますが、言語について考えることはあまりありません。このことが我々の思考を機械的で皮相的なものにしております。伝統から教えられてきたことは、特に宗教を含め抽象的な内的世界については、そのままオウム返しに繰り返すだけになっています。かつて科学もまた人間精神のこの弱点を克服できませんでしたが、約四百年前から、科学は、経験的事実と数学的に定義して扱える事象にのみ対象を絞り、思考の混乱から抜け出し始めたのです。

しかし、人間の心という内的生活を解放するためには、そのような方法は取れません。我々は皆、頭で考えたり感情が起こったりする現実的体験があります。欲求、希望、恐怖、不安等を自分の内部で直接経験しておりますが、それらは決して数量化したり客観視したりすることは出来ないのです。人間は誰でも皆自分ひとりの心の中で全く孤独な内的生活を送るように定められています。そして宗教は、人間生活の内的側面に属します。大抵の人間には宗教的情緒というものがありますが、しかしそれを外部に持ち出し、立証可能な共通なものにすることは出来ません。こうした情緒は人間の基本的な恐怖とか欲求にあまりにも深く結びついているので、神とか魂、天国とか地獄等について宗教的権威者から語られる事柄を敢えて疑問を発することなく盲目的に受け入れてしまいます。そうした欲望や恐怖や野心が社会的に組織化された宗教と結びつくと、それが信徒達全体を迷信に追い込む指導者を産み出し、暴力によって未曾有の災厄を人類にもたらすのです。

パタンジャリは人間の全生活がチッタ即ち個人意識に閉じ込められていることを知っておりました。人間の活動は個人意識に発し、その活動が人間の生活と呼ばれるものを構成しているのです。人間は自分が何者かということも知りません、何故なら自己意識は自分では左右できない自分のチッタ・ヴリッティによって作り上げられているからです。人間は自分の心の葛藤を理解しようと、哲学や心理学といった分野の知見を紐解いたり、宗教指導者を訪ねたりします。しかし、彼が指導を仰いでいる人間も結局は彼と同じような手探り状態の暗闇の中にいることがしばしばあるのです。専門家は様々な言語を使いますが、宇宙とか人間の本性や運命については、相異なる、時には矛盾しあう観念を抱いているのです。自分が誰で、自分が何をしたらよいか知ろうとして、人々の助けを得ようともがけばもがくほど、ますます混乱に陥ってしまいます。

こうした状況は人間の内面を扱おうとしている心理学、哲学、宗教という三つの人間的学問分野の間の密接な連携が必要なことを示唆しています。そこでそれらの学問は統合的に研究されるべきなのです。インドの伝統では哲学、心理学、宗教という区分はありませんでした。もしサーンキャとかヴェーダンタの哲学、パタンジャリのヨーガ・スートラ或いはギーターなどを研究してみると、それら古典では哲学、心理学、宗教が全て一緒に扱われていることに気づくはずです。その理由はそれらが中心的実体として人間の心を扱い、それを改善し最高の実相を理解できるように導いて行く方法を提示しているからです。このようなことは西欧では殆ど起こりませんでした。そして不幸なことに、今日世界中で踏襲されているのは西欧的な思考の枠組みなのです。西欧で哲学、心理学、宗教の間に明確な区分けがあると言われると、それがアジア的な思考の伝統にそぐわないにもかかわらず、盲目的に受け入れてしまっているのです。

近代的教育でなされてきた重大な損傷の一つは、我々が自ら人間に関する議論を浅薄なレベルに押し下げ、言葉の花火で無知をおおい隠してしまっていることです。しかし、心の言語的レベルに留まると、我々は自分の内なる言語を超えたレベルに存在する深い真理を見通すことが出来なくなってしまいます。シュリ・オーロビンドは「汝が通常知識を乗越える時、大なる知識は手に入る。論理は補助であり、かつ障害である」と述べていました。我々は、論理が一旦、経験的数学的科学の領域を越えると、人生を理解する際に、明晰さより混乱を作り出してしまうことを知りません。

我々が言語の厳しい制約とそれが心に及ぼす内的凶暴性に気が付くようになれば、自ずから言語を乗越えようとするようになり、超越的意識状態の段階に到達します。以上述べてきたように、言語の内的側面はチッタ・ヴリッティとも超言語状態への通路即ちチッタ・ヴリッティ・ニローダの状態（脳内活動の完全なる静止）とも極めて深く結びついているのです。

ところで言語を超越したものは明らかに言語では表現できません。我々はそれぞれ自分でそれを体験しなければなりません。しかし、それを体験した人は深い平和と幸福に満ちた無限なる意識の直接的経験であると確言しております。この境地を言い表すとすれば、神の体験となるでしょう。しかし、もちろんそれは、様々な宗教で伝えられている神についての記述とは異なります。

ヨーガはサマーディの状態即ちヨーガの最高状態で、人間を神に融合させます。そして神はあらゆる創造物の中で自らを顕現させているので、ヨーガは一切の生物並びに全世界と人間を結びつけます。

思考する人間にとって自明のことでしょうが、現存の宗教の内で全人類によって等しく受け入れられるような宗教は一つもないのです。これは比較的平和な時代でも不可能であったでしょうし、宗教の名において流血の惨事が頻発し、不信と反感が宗教の別名になってしまっている現代では、様々な宗教間での真剣な和解の試みなど、全く以て考えられないことであります。様々な宗教の信徒達において自分たちの信じるドグマに盲従する限り、宗教間の相互理解は無理です。諸宗教の相違克服は望むべくもありません。

全ての宗教は同じことを教えていると言うのは間違いであり無責任なことです。そんなことはありません。全ての宗教は勿論それぞれのやり方で、嘘をつくな、盗むな、姦淫するな、自制心を養え、憐みの情を持て、布施しなさい、等々と主要な道徳価値を強調しています。しかし、これは様々な宗教の中核ではありません。何故なら、そうしたものは全て神とか高邁な真理を持ち出さなくても道徳とか人間的価値観から当然出て来るものものだからです。既成宗教の信徒たるための現実的宗教性は、彼らが心底から大事だと信じて心服しているドグマに帰結するのです。バイブルに説かれている望ましい道徳的原則にきちんと従っていても、イエス・キリストが神の一人息子であって、未来永劫神の一人子あり続けると言うことを信じなければ、その人は本当のキリスト者とは言われないのです。イスラム教徒も、預言者モハメッドだけが唯一の神の使者で、将来とも彼以外にはありえない、ときっぱり宣言しなかったら、破門されてしまうのです。

ヒンズー教は全体として精神的探求を目指し特定の人格や聖典や何らかのドグマ体系にも基づいてはいないので、狭矮な心の働きで歪められる恐れはないと見なされてきました。にもかかわらず、ヒンズー教はある種の外面的神像に狭く理解され、本来的な精神からは遠くかけ離れたある種の形式に帰着してしまっています。仏陀は弟子達に、神を求めず、自らの努力で自分自身の中に真理と平和と光明を見つけなさいと告げました。しかし、人間の本来的な弱さに引きずられて、内的探究の代わり、外面的な守護者を求めるようになり、仏教徒は仏陀を一種の人格神に仕立ててしまいました。これは仏陀が強く非難していたことです。

ドグマとか祭儀が幅を利かす限り、様々な宗教の間に和解をもたらすことが無理なのは明らかです。とはいえ我々は宗教なしではいられないのです。E.F.シュウマッハは、自著の有名な『小さいことは美しい』という書物の中で、「宗教なしで生活するという現代の実験は失敗に帰した。このことをよく理解すれば、我々のポストモダンの任務が何かは分かってくる」と述べています。

我々に課せられたポストモダンの任務の一つは、科学と宗教並びに諸宗教間の統合を計ることです。人類が国籍、宗教或いはイデオロギーのために分裂している限り、我々は間違いなく破滅してしまいます。今必要なのは真の宗教的精神です。アインシュタインが述べていたように、「宗教なき科学は片足の人、科学なき宗教は盲目の人」です。人間には科学と宗教の両者が同時に必要であって、両者をこれ以上別々の場所に引き離してはなりません。我々に必要なのは、科学と宗教の統合であり、これは“普遍宗教“によってのみもたらされます。これはヴィヴェーカナンダにより唱導され、ロマン・ロランによって支持された概念です。この普遍宗教は当然のことながら、人格、聖典、ドグマ、儀式には依拠せず、神を自らの内に見出すように導いてくれるものでなければなりません。ヨーガはこれを達成するのに役立つのです。

古くから言われてきたことですが「心の静止が神の自覚」で、これは文字通り本当です。神を見出すためにすべきことは、自分の心を意識の中に言葉もイメージも現れてこないように、完璧に静寂ならしめることだけです。存在を様々なものに区分するのは、それら（名－色 ***nāma-rūpa***）に付きまとっているイメージと言葉なのです。深い瞑想状態に入り、自分の個別意識が宇宙意識と融合すると、自分を他の人や物と区分するものがなくなります。彼は存在の基盤そのものと一つになる、つまり神と一つになるのです。これは空虚な理論ではありません。自分でやって御覧なさい、そうすれば、自分でその真偽が分かるでしょう。しかし、自分の心を鎮めるのが上手くいかなかった場合、ヨーガがその試みを助けてくれるでしょう。これがヨーガの主要な目的なのです。

もし宗教が人間を、神とか真理、個人の内的平和と社会の調和に導くものとしたなら、ヨーガは野放図な心の動きにより生み出される錯乱と衝突を超越する方法を明示して、その方向へ導くのに確かに役立ちます。以前から心を鎮めることはあらゆる宗教の一つの方法でありました。聖書には「平和は理解に勝る」とあります。スーフィの神秘主義者は同様の平和について言及しています。仏陀は心を統御することと自らの内に平和と光明を見出すことを説きました。ヒンズー教では、シャンティ（平和）がヴェーダでもウパニシャッドでも心の最も好ましい状態とされています。心が作り出したものに過ぎないドクマのレベルに我々がとどまる限り、そのような平和には絶対に達成し得ないのです。宗教はすべて、生活に内的平和と調和をもたらすべきものですが、不幸なことにそうなっているわけではありません、宗教周辺に構築された思想体系や社会的制度によって宗教が歪められてきたからです。全ての組織宗教は必然的に我々を分裂させることになるのです。宗教は自派の領域を防衛し、さらに拡大することに熱心です。一種の宗教的帝国主義と言えるでしょう。

組織された宗教は、幾ら存続しても決して人間を神に導くことはありません。まずもってできない相談です。宗教組織はその本性から人間を外界志向にしてしまいます（イスラム教徒ならメッカ巡礼をするとか、キリスト教徒なら日曜日に教会へ行くとか、ヒンズー教徒なら特定の日にガンジス河で沐浴するとか等々）こうした行動はもともと人間を日常的な仕事から引き離して、内面に向かわせることを目的にしておりました。しかし、時がたつにつれ機械的な活動になってしまい、絶対的な平和状態で自らの内に見出す神とは殆ど無関係になってしまいました。信徒に目を閉じて瞑想することを教えない宗教は非常に不適当な宗教です。ヨーガはこの不適当性を脱却せしめるものであります。このグローバル化の時代にあって、ヨーガこそ人類の未来の宗教である、と確信をもっていえるのです。それについては疑問の余地がありません。ヨーガを通じて、初めて我々は、人間の心の働きにより作られる神の概念を超越したところの神を知るようになるでしょう。

もし神を定義することが必要なら、言語なき意識が神である、と言えるでしょう。非常に平静で、言葉もイメージも存在しない意識状態にある人間こそ神と同調しているのです。この事は一種の等式Ｍ－Ｌ＝Ｇで表現できます。Ｍは人間、Ｌは言語、Ｇがもちろん神です。この等式は人間が言語を超越した時、神が現れることを明快に示しております。これは、あれこれ議論すべきことではありません。まずやってみて、実感して下さい。自分でできない場合、ヨーガが助けてくれます。実際、自分を自分自身と結合させることがヨーガの目的なのです。そして、それが自動的に自分を神と結合させることを意味するのです。しかし、その為には、あなたが所属する宗教によってこれまであなたの頭の中に埋め込まれてきた神についての一切の観念を捨て去らねばならないでしょう。そうすることは難しいかもしれませんが、もしそれが出来れば、あなたはこれまで既成宗教がその僅かな気配さえ与えられなかった真の自由の精神、平和と自尊の念、自然にわき起こる幸福感を感じることになるでしょう。やってみて、自分で実証して下さい。

ヨーガについてパタンジャリとギーター

パタンジャリはヨーガについての最高の権威者です。しかし、彼が描いたヨーガ体系には厳しい制約があります。心の特質と心が人生に何を為しているのか、を人に示すということに限定した目標を自分に課しておりました。心の無制約活動によるトラブル続きの世俗生活のレベルを超えたいと願う人々に確かな道程を示そうとしています。彼はヨーガの求道者に先ずある程度のレベルに到達し、次いで自分で何が出来るか、人生で何をしたいのかを自分で見出すように任せてしまうのが最善であると考えておりました。彼は極めて冷静な言葉だけを選んで目的地に到達するための正しい道を提示する案内者に徹し、その道を進むかどうかは旅人自身に任せるという姿勢に終始しております。その為、パタンジャリは感情的な或いは霊感を感じさせる表現は一切使用しませんが、例外は、「まだ来ていない苦悩は回避すべきである。」というスートラ(II-16 cf.25)だけです。

パタンジャリが提示しているのは主としてヨーガの理論的枠組みです。チッタ・ヴリッティの静止という彼のヨーガの定義は極めて適切でヨーガの基礎を理解する確実な基盤を提供しております。しかし、パタンジャリはチッタ・ヴリッティ・ニローダハつまり絶対的な心の静寂状態に到達した人間に何が起こるかと言うことについては、沈黙しております。彼はサマーディ(三昧の境地)をそっけない言葉で表現しております。神(*Īśvara*)に触れいるスートラはごく僅かで、神とは、現在及び将来における肉体的苦痛や行動とその結果から何ら影響されない、一種特別な意識だと、述べるにとどめました。パタンジャリは賢明でした。ヨーガは人間を神に結びつけるとは言いません。彼の生きていた時代でも、神についての諸観念は非常に錯綜しており相互に矛盾していたので、神について何か積極的な言葉を発するとたちまち重大な物議をかもし議論が沸騰するに違いなかったからです。別の言葉で言えば、神について何か言えば、神の名前で既にある混乱と矛盾に加えて、さらなるチッタ・ヴリッティを作り出すだけになるからでした。

パタンジャリはまた、人間と神との関係についても沈黙しております。彼は、神への信服は、人間が心の平和を得るのに役立つと、言うだけです。しかし、心の平和を達成した人間が社会の中でどんな生活態度を取るべきかについては、何も言っておりません。スートラ(I-33)で、彼は、悩める人々に憐憫の態度を示すことは、心を清澄に保つのに効果がある、という意味のことを述べています。しかし、余儀なく正しいことを支持し、悪いことに反対しなければならない世の中に積極的に関わることになった場合、成道したヨーガ者に何が起こるか、ということにも何も言いません。この世を住むのにもっとよい場所にするため、成就したヨーガ者は何をしたらよいのでしょうか。彼は、他者への責任を感じ、生存競争の中で彼らを助けるでしょうか。パタンジャリはこうした問題に、沈黙したままです。

パタンジャリは、修行者(*sādhaka*)にギーターのように世俗的世界に積極的に関わるようには勧めてはおりません。その理由は容易に理解できます。そうなると直ぐ我々は、自分の周りの世俗世界の実際的な事柄に巻き込まれ、我々の心は制約され歪められた自らのものの見方や過去の経験から寄せ集めた考え方で、物事を説明したり、支持したり反対したりしてしまうからです。パタンジャリによれば、我々はまずもって、心をこれまで集めた過去の一切の印象から解放し、浄化して新鮮なものの見方で人生を見据えるべきなのです。

とはいえ一般の人々には人生の全体像を理解する上で何らかの手引きが必要でしょう。この観点から見てみると、パタンジャリのヨーガ体系の大きな限界は、それが人間生活のあらゆる側面には触れていないと言うことです。彼の体系は、サマーディ、意識の究極的境涯に到達したいと願う人々にとっては適切で十分なものです。しかし、日常生活の実際的活動の様々な側面を含む人生全体を理解したいと願う人々にとって、パタンジャリのヨーガ・スートラは決して十分役立つとは言えません。そのためには、ギーターに行かなくてはならないのです。そこでヨーガを全体として理解するために、パタンジャリのヨーガ・スートラとギーターの両方を一緒に研究する必要があるのです。我々はヨーガの基礎を理解するためにまずパタンジャリを研究し、然る後それに基づく全体構造構築のためにギーターに赴かねばならぬのです。

ギーターもヨーガ哲学の主要原典の一つですが、ヨーガをもっとずっと大きな見地に立って扱っております。ギーターは、戦場に赴こうとしている戦士としてのアルジュナと、彼の御者にして師匠であるシュリ・クリシュナとの対話という形式で書かれています。ギーター(4-3)の中で、シュリ・クリシュナはアルジュナに向かい、自分がこれから教えようとしているのは、暫く忘れ去られてしまった古代ヨーガの教えに他ならない、と明白に告げております。シュリ・クリシュナはアルジュナに向かい、つまり彼を通じあらゆる人々に対し「ヨーガ者になれ」(*tasmād yogī bhavārjuna*)と懇請しています。確かにチッタ・ヴリッティ・ニローダと言う表現はありませんが、ある箇所(6-25)で、次のように述べられています。「心で感覚器官を統御せよ、すると英知の働きによって、心は次第に真我に向かい、ついに一切の思考が止む状態に至る」、と。しかし、ギーターは全体として、人間は、至高の真理と調和した絶対的に平穏な心で人生を送るには、どうしたらよいか、という問題を扱っています。実際、我々は、現世で神慮を実現しつつあるかのように、人生を送るべきなのであります。

ギーターはヨーガに二つの定義を与えています。ある詩句では(2-48)、「状況の如何を問わず平常心でいることがヨーガである」と。別の詩句(2-50)では、「行為の熟達がヨーガである」と。しかし、ギーター全体では、様々な文脈でヨーガが語られています。ギータが力点を置いているのは、大宇宙の中の人間世界とそこでの人間の立場を解明することです。ギータは全ての人間は様々に異なる性質をもって生まれるので、それぞれ独自の人生を送ることになることを認めています。したがって、異なる人間にはそれにみあったヨーガがあるのではないかと示唆しています。ギーターが取り上げているのは、英知のヨーガ又は知識のヨーガ(*Buddhi Yoga* or *Jñāna Yoga*)、行為のヨーガ(*Karma Yoga*)です。ギーターは献身のヨーガ(*Bhakti Yoga*)という言葉は使っておりませんが、ある詩句(12-14)で、「心と英知をすっかり神に捧げるヨーガ者は神に愛でられる」と述べています。こうしてギーターは、ヨーガが献身のヨーガ、行為のヨーガ、知識のヨーガという三部門にわけて伝統的に議論されるようなった基礎を作り上げてきたのです。

ギーターは人間にヨーガの精神で全人生を送るよう勧めています。そうするとヨーガの道を辿る求道者は、たとえ三昧の境地を体験した後でも、この世にあって正当な行為を自らの義務として遂行していかねばならないのです。「常に私を覚えて戦え」というのが、シュリ・クリシュナのアルジュナへの助言です。しかし、ヨーガ者は常に自らの行為の果実から超越していなくてはならないのです。彼は、苦痛と快楽、成功と失敗、利得と損失、味方と敵のいずれに対しても同じ気持ち(平等心)で人生を送るべきです。神と一切万物への奉仕の精神で生活するうちに彼は究極の真理と自分の運命について本当の知識を獲得するでしょう。そしてその知識こそが、彼を無上の平和と永遠の幸福へと導くことになるのです。

ヨーガに関連する詩句を幾つか訳して次に掲げておきますが、これで、ギーターがヨーガについて何を語っているかが明白に分かると思います。これらの言葉は全てクリシュナがアルジュナに対し語ったものです。

アルジュナよ、ヨーガで自らを確立し、愛着を捨て、成功も失敗も平等に見做して働くがよい。平等心こそヨーガなのだ。(2−48)

O Arjuna, you should establish yourself in Yoga and work without attachment with an even mind towards success and failure. A spirit of equanimity is called Yoga. (2-48)

英知の次元に到達した者は善と悪の観念を捨てる。そこからヨーガの道を歩むのがよい。行動における熟達がヨーガなのだ。(2−50)

A man having attained the state of Intelligence gives up the notions of both good and evil. You should therefore strive to follow the path of Yoga. Skill in actions is Yoga. (2-50)

食事と娯楽に節度を保ち、行動には抑制をきかせ、睡眠と覚醒に均衡を計るものに来る悲しみはヨーガが拭い去ってくれる。(6−17)

Yoga removes the sorrow of one who is balanced in food and recreation, restrained in actions, and whose sleep and waking are regulated. (6-17)

心をしかと統御し、常にヨーガを忘れぬヨーガ者は、私(神)の内に存するニルヴァーナ(至高の平安)に到達する。(6−15)

The Yogi with a controlled mind, who is ever uniting himself in Yoga, attains in nirvqza the supreme peace that abides in Me (God). (6-15)

感覚を介さずただ英知を通じて覚知する至福の境地がある。ここに安立するや究極の真理から逸れることはない。この境地に至りぬれば、それ以上大なる利益は失せて、一度そこに安住するや、極度の悲惨に出会ってもたじろぐことなし。苦悩からの完璧なる離脱の状態こそ、ヨーガと呼ばれる。たじろぐことなき決意をもって断固としてヨーガは実修すべし。(6−21,22,23)

There is a (Yogic) state of supreme bliss that can be experienced only through intelligence and not with the senses. This is the state where, once established, one does not deviate from the ultimate truth. Having attained that state, a man does not consider any gain greater than that, and while established in it, he is not shaken even by the greatest sorrow. The state of complete disassociation from suffering is to be known as Yoga. And that Yoga must be practised with determination, with heart undismayed. (6-21,22,23)

ヨーガによって自らの意識を宇宙意識に溶け込ませられた人は、万物の中に自らを、自らの中に万物を認知する。その様な人は、あらゆるものと生物を完全なる平等心をもって観想する。(6-29)

A man who has merged his individual consciousness with cosmic consciousness through Yoga sees himself as living in all creatures and all creatures living in himself. Such a one regards everything and everyone with complete equanimity. (6-29)

アルジュナよ、生けるもの全てに平等の気持ちを抱き、それらの喜びと苦しみを自分のものと見做す人は、最高のヨーガ者である。

O Arjuna, a man who has a feeling of equality for all creatures and regards their happiness and suffering as his own, is the highest Yogi. (6-32)

お前の英知は今は聖典に惑わされているが、サマーディの境地に入って不動なれば、お前はヨーガを成就する。

When your intelligence, now bewildered by the scriptures, stays motionless in a state of samqdhi then you will attain Yoga. (2-53)

無風のところにある灯明が揺らめくことないように、真我との融合を成就したヨーガ者の境地も全く同じと言われる。

As an oil lamp, located in a windless place, does not flicker, such is said to be the condition of a Yogi who practices union with the Self. (6-19)

内なる喜び、内なる平静、内なる光明のあるヨーガ者はブラフマンに融合し、ブラフマンにおいてニルヴァーナを達成する。(5-24)

The Yogi who has the inner happiness, inner repose and the inner light, becomes Brahman and reaches nirvqza in Brahman. (5-24)

罪科を滅し、自他二重性を解消し、心をよく統御して、生きとし生けるもの全てに善事を為す聖者は、ブラフマンにおいてニルヴァーナを達成する。(5-25)

The sages whose sins are destroyed, whose dualities are cut asunder, whose minds are disciplined and who are engaged in doing good to all beings, attain nirvqza in Brahman. (5-25)

上に掲げた詩句は、精神的向上を目指すギーターの趣意を明確に表現しています。救いの道は行為の世界にありと、言っております。ギーターはサマーディ並びに永続する平和と至福に至る道を確かに開示しております。しかし、ヨーガの実修者たるものは「生けるもの全てに善きことを為すべきである」、さらに「彼等の喜びと苦しみを自分のものと見做すものこそ最高のヨーガ者である」とも述べています。つまり、ギーターはパタンジャリの教えを補完しているのです。ヨーガの完全な全体像を捉えるには、実修者は両者を共に研究しなくてはなりません。

本論

第一部　ヨーガの性質と目的

1　**अथ योगानुशासनम्।** (I-1)

atha yogānuśāsanam

今から、ヨーガの研究を始める。

インドでの哲学的論考を開始する際の伝統的な口調です。この言葉は単純に、読者、聴衆の注目をこれからの論述に向けさせ、主題に焦点を合わせることを目指しています。

2　**योगः चित्तवृत्तिनिरोधः।** (I-2)

yogaḥ citta-vṛtti-nirodhaḥ

ヨーガは個人意識における動きの静止である。

序説で説明したように、サンスクリットでチット *cit* とは(サット・チット・アーナンダの如く)宇宙意識を意味します。インド哲学は、一般に宇宙には唯一の意識のみ存在し、その同じものが相異なる意識的存在の様々な活動の中に顕現していると主張します。チッタ *citta* という単語はチット *cit*から派生したもので、個人化された意識を意味します。つまり、個人の内に現れている意識を意味しています。ヴリッティ *vṛtti*とは出来事、過程、動きを意味します。

チッタつまり個人意識の内容は、現時点の感官の知覚と記憶にある過去の印象ならびに心の様々な活動、そして意識内のエゴの動きなどであります。これら一切は、プルシャ(宇宙意識)、プラクリティ(自然本性)、マハット或いはブッディ(創造的英知)と称する高次元の三要素を背景に生起しているものです。これら高次元の要素は、個々人のあらゆる活動の部分ですが、無知のために、個人は、自分には独立した存在性があり、自ら独立した行為主体であると考えます。チッタは実際、広大な意識の海に生じる小さな渦みたいなものです。その中で起こることは全て意識の海の不可欠の部分です。感覚器官は外部世界についての情報をもたらします。心はその情報を解釈し、エゴは心の向かうべき全般的方向を指示します。一切があまりにもすばやく生起するため、我々は出来事の順序に気付きません。しかし、チッタ・ヴリッティの形成と活動には明確な順序があります。先ず、新しい感覚的知覚の入力と蓄積された過去の記憶の再現があります。次に、心がそれについて思考します。エゴが問題に介入すると、頭脳活動は複雑になります。強いラージャシックなエゴの人は他者との抗争をともなう多くの問題に巻き込まれます。これらの問題は当人自らが作り出すのです。サートウィックな清明なエゴの人は対人的問題を抱えるにしてもごく僅かです。

ここでチッタと脳との関係に注目してみましょう。人間を肉体として見る場合、脳は肉体を通して起きることの統御器官であります。医師や科学研究者は人間の活動をこの方法で理解しようとします。つまり、如何なる脳活動が特定の身体的活動を作りだすのかを突きとめようと努めます。そこで活発すぎる人間がいると、それは脳内化学物質の不均衡状態に起因すると考え、症状を緩和する化学治療薬を処方することになります。

しかし、人間は自分の脳を外部から観察しうるかもしれませんが、脳そのものを自分では知覚しません。自分が知覚するのは自分の気持です。自分が嬉しいとか緊張しているとか、すっきりしているとか、困惑しているとか、冷静にしていられるとか、興奮しているとか、そういうのは自分で分かります。人間は自分の頭脳状態の生体的相互関係を知らなくても、自分の意識面に何かが起きているかは知覚できます。そこで、人間は脳に支配されているとか、人間は自分の気持に支配されている、と言っても、どちらの言い方も正しいのです。外部から観察すれば、それは脳であり、内部から見ればチッタ即ち内的フィーリングが湧出する場なのです。

人生は、我々のチッタに生起する活動の印象から成り立っています。自分自身と外部世界についての印象を受容、形成し続けていると、それらの印象はチッタの上に蓄積されて行きます。例えば、私が美しい景色を眺めると我々の意識に一定の心的波動が形成され、チッタに記録されます。この心地よい経験を持つために当地にまた来よう、と心でつぶやけば、別の心的波動が生まれ、チッタに記録されます。私の未来の生活は部分的にこうして記憶に貯蔵された現在の心的波動についての印象により決められていきます。ある者が「私は痛い」とか「今日はとても嬉しい」とか「人生に不満がある」などと口走れば、その人の個人意識つまりチッタに生じた様々な形の波動になるのです。単純な知覚ばかりでなく言語、思考、夢、希望、野望、不安、恐怖、愛と憎しみ、宗教、哲学と科学も全て我々の意識の多様なる波動にほかなりません。我々のチッタに何の波動もなければ、我々にとって外的世界は存在せず、もちろん、自分でそう思っているようには我々も存在しないでしょう。

我々の個人意識は常に流動的状態にあります。そこにはいつも何かが起こり続けています。覚醒している時は、我々は際限なく何かを感じ、何かを考え、何かをしているのです。脳内に何も起こっていない時はありません。人生は我々の意識に起こるハプニングで占められています。我々が獲得する知識、技能、我々が抱く野望、欲求充足のために行う努力、人生の様々な段階で経験する幸福と挫折、これら全ては個人意識の動きに過ぎません。

例えば、私の心は、誕生した時から作動し始め、自分と自分の周りの世界について沢山の印象を集積してきました。これらの印象が、男とか女、インド人、日本人、アメリカ人、ヒンズー教徒、キリスト教徒、ビジネスマン、弁護士、若者、老人、何かの所有者という具合に、自分についての心像を形成しているのです。自分に関するこうした印象は、自分のチッタ即ち、自分の個別意識の動きから作られます。

世界中のどこの子供も生まれた時は、国籍も宗教もイデオロギーもありません。しかし、生まれて数年経つと、どの子供も、インド人だ、日本人だ、アメリカ人だ、ヒンズー教徒だ、キリスト教徒だ、仏教徒だという知的認識が形成されます。こうして人々は家族における自分の立場、夫とか妻とか父とか母とか息子とか娘とか言う位置づけを意識します。人間は宗教団体、企業集団、政党、スポーツ団体等の社会の構成員でもあるので、それに応じた役割を意識的に果たしていこうとします。これらはチッタに現れる印象なり波動として現れるのです。我々の人生は全て、脳が自分自身について抱くイメージによって支配されます。若し自分は日本人であると意識すれば、日本人のように行動します。もし特定の宗教を信仰している(通常生来の宗教)なら、その宗教の教義や儀礼により、各人の思考法は大体条件付けられます。もし特定の政治的イデオロギーの持ち主なら、同じイデオロギーを持つ人々と関わりを持つことで満足します。

心の働きはまた我々がはっきりと分別できない力によっても左右されます。メディアの宣伝や我々の社会や我々を取り巻く世界で起きていることなどによっても、我々の気持や思考法は影響されます。二人の人間が何十年にもわたり親密な友人関係を維持したとします。しかし、その内のどちらかの人間が突然裕福になると、今一方の人間には、それまで意識することのなかった嫉妬心が生まれます。こうして我々の心は表面にあるものばかりでなく、内面に隠れているものによっても動かされます。またサーンキャ哲学によれば、我々の心はプラクリティ即ち宇宙という全体の一部でもあるので、個人意識内で起きていることは、我々がそれと気付かなくても、それ以外の宇宙で起きていることにより影響を受けるのです。

大多数の人間にとって、生活とは、その表層で過ごすことです。彼等は自分の性格構造なり、生活上の立場に従って喜んだり悩んだりしています。彼らの大部分は自分や自分の生活に起きていることの意味を問うことがありません。彼等は表層に生きることで満足しています。生きることの深い意味を問うことは彼らの関心事ではありません。しかし、日常的な普通の生活があまりにも表面的で少しも興味が湧かないと感じている人間もいるのです。彼等は物質的世界のあらゆる富に囲まれながら、彼等の心は倦み、落ち着きません。彼等は世界から疎外されていると感じて、金儲けだけの活動には意義が見出せないのです。普通の社会的、政治的、経済的生活という日常世界での成功というものに関心がないのです。

そのような人間は、自分は何者か？自分に何が起きているのか？現世においてかくも不安定で惨めな思いをしているのは何故か？自分の究極的運命は何か？と言った、より深い人生問題への解答を見出そうと求めます。こうした問題が長年にわたり彼等の心を悩まし続けるものの、その答えを彼らが見出すことは容易ではありません。そのことの単純な理由は、不安定な心は、本性から言って、心自体の働きが作り出した、そうした問題に対する解答を発見し得ないのです。我々の言語や思考は全て我々の心の働きの表面化にほかなりません。我々は如何に心をひねっても、心の特性とか心を超えた実在のことはどうしても知りえないのです。明らかに、これらの問題への解答を見出すには、我々は自分達の心と脳の限界を超えて自分自身を知ろうと努めなくてはならないのです。

人間の真の本性を本気に知ろうとする人々に向かい、ヨーガは『如何なる思念の波動も起こらぬほど、自らの心を完全に鎮めれば、汝は己が何者かを、知るであろう』と告げるのです。現時点で我々の生活は外に向かう心的波動により誘導されています。我々の本当の性質を知るために、我々はそれらの波動を完全に鎮めなくてはなりません。ということは、自分自身に対する我々の通常の態度からの離脱を意味します。我々は一切の書物、理論、哲学を捨去るべきなのです。それらは他の人間達の心の波動の表明に過ぎないからです。良書は標識みたいなもので、我々に進むべき方向を時たま指示することがあるかもしれませんが、旅そのものは、地図なしで我々自身が歩み続けるほかはないのです。外的世界での旅と異なり、内的な旅は、人により別々の道程を取ることになるため、特にそうなるのです。外的世界では、未知の領域に入れば、道の分かるガイドになってくれる人間がいたら、その人間に盲目的に従って行ってもよいかもしれません。技術分野では、物を製造したり、その使用法を知る上で、我々は他人に頼ります。肉体については、ある程度、医者に頼ります、というのは肉体は、本来的意味で、我々にとって外的なものであるため、医療の専門家は我々に肉体の動きを理解させ、その扱い方まで教えてくれます。アーサナやプラーナーヤーマ（呼吸法）を教えるヨーガ教師も大部分、この範疇、即ち肉体の専門家の部類に入ります。しかし、内的世界には道がないため、そうした道案内は存在しません。J. クリシュナムルティ曰く「真理は道なき領域にある」。内的世界には同じ経験をする者は二人としていませんし、同じ人間でも、別の時に同じ経験を繰り返すことはありません。内的世界について既に作られていた諸観念は矛盾を作り出し、心的波動を全面的に鎮める上の障害になるだけです。

3　तदा द्रष्टुः स्वरूपे अवस्थानम्। (I-3)

tadā draṣṭuḥ svarūpe avasthānam

そのとき観察者は自らの本然の形態に留まる。

もし波が自分は一体何者かを知ろうとするなら、一切の動きを停止しなくてはなりません。動く限り、その形態は不断に変わって行きます。そこで、自らが一体何かを知り得ないのです。同じく、我々の人生の表層は流動状態にあります。肉体が変化し続けるばかりでなく、心も一時たりとも同じ状態にありません。いくら肉体的精神的に短時間同じ状態を保とうとしても、とてもそうすることは出来ません。明らかに、これら変化する形態は我々の本性ではありません。変化し続ける我々の意識の流れの背後に何かが存在するに違いないのです。我々の変わらざる本性を知ることが出来るのは、我々が表層の一切の活動を停止して、自分の内部に沈潜して、一切のチッタ・ヴリッティ（心的波動）が出現する意識の海原を見つける時です。我々の心が絶対的に鎮まった時に、初めて我々は自分が本当に何者かが分かるのです。

注目しておくべきことは、パタンジャリが、個人はその時その本性にあると言わずに、観察者がその本性にあると、述べている点です。こうした言い方をしている訳は、我々の頭脳の働きが完全に鎮まると、我々は完全に個人としての自己同一性を失うからです。意識の中にイメージがないため、既存の知識や観念に照らして自分が誰であるかを言えないのです。それは純粋意識状態であって、そこでは観察者が如何なる規定要素もなくその本性を眺めているだけです。その状態では観察者と被観察者は一つであり同じなのです。

他にどんな重要なことがあろうとも、それらは全て二義的なものです。

全ての願望は心の働きで映像化され、それらの願望を達成しようとする営みもまた心を経由して行われます。自分自身についての究極の真理を知ろうとする願望以外の願望は、我々の個人意識の動き、ヴリッティに我々を縛り付けておくのです。ヨーガの名のもとに起きていることも、我々を存在の深淵に導くことなく、表層に留まらしめるものがあります。

4 **वृत्ति-सारूप्यम् इतरत्र।** (I-4)

vṛtti-sārūpyam itaratra

その他の場合、人は心の動きと同一化している。

我々が自らの本性を知らない限り、我々は常に自分の個別意識に起きている波動と自分を同一化します。我々は、家族の一員、特定国家の市民、特定宗教の信徒、特定イデオロギーの信者、特定職業の従事者等々、であると考えています。また、時には嬉しい、ある時には惨めだ、今は頭がすっきりしている、次は頭が混乱している、時には見通しが明るい、今度は絶望だ、などと考えたりしています。我々は誰かに、お前は誰でどんな人間か、と尋ねられると、いつでもその時点で自分の心に浮かぶことに従って答えることになるのです。その時点での我々のチッタ・ヴリッティがその時、自分が何であるかを決めるのです。そこで、同じ人間が、時と場合で父、息子、兄、夫、政治家、運転手、歌手、患者、通行人、等々になります。家族とか社会での外部的立場に関連させて、我々が正確に何者であるのかを言うことは不可能です。我々の本当の形態はこうした変わる外貌とか精神状態を超越したところにあります。このように移り変わる外部的内部的状態から我々が超越した時に、始めて我々は自分の真の形態を知ることが出来るのです。

5 **वृत्तयः पंचतय्यः, क्लिष्टाः, अक्लिष्टाः।** (I-5)

vṛttayaḥ pañcatayyaḥ kliṣṭāḥ, akliṣṭāḥ.

心の働きには五種類あり、苦痛なものもあれば苦痛でないものもある。

全ての心の働きには、知覚作用に随伴するものばかりでなくフィーリング作用に由来するものもあります。異なる心の働きは、我々の内部に異なる形のフィーリングを喚起し、あるものは心地よく他のものは不快です。自分で心の働きを点検すると、特定時点で心が動く時、積極的フィーリングが幾らかあるとか、消極的フィーリングが若干あるとか、ということがすぐに分かってくるものです。

6 **प्रमाण-विपर्यय-विकल्प-निद्रा-स्मृतयः। (I-6)**

pramāṇa-viparyaya-vikalpa-nidrā-smṛtayaḥ

（五種類の心の働きとは） 正しい認識、誤った認識、言葉による概念化、睡眠、記憶である。

パタンジャリによると、個別意識はこれら五つの状態のいずれか一つになります。この後、定義の形で、彼はその一つ一つに解説を加えます。

7 **प्रत्यक्षानुमानागमाः प्रमाणानि। (I-7)**

pratyakṣānumānāgamāḥ pramāṇāni

正しい認識の方法には、直接的認識、推論、信頼すべき権威の言葉がある。

pramāṇa（プラマーナ）という単語は確かな認識の方法と共に確かな認識そのものを意味しています。どの知識獲得法が確かであるか、ということにつきインド哲学の様々な流派の間に意見の相違があります。ただ、どの流派も直接的知覚が信頼すべき認識の方法の一つだとする点で、皆一致しています。その他の方法については意見の相違があります。パタンジャリは正しい認識獲得の方法として、三つを認めます。即ち直接的知覚と推論と信頼すべき権威の言葉です。認識の方法については、インド哲学の他の学派、特にニヤーヤ学派では総合的に議論されていますが、パタンジャリは、ここではこれ以上詳論しておりません。

我々の感覚器官が直接に知覚対象と接触している時に、知覚を通じて認識は獲得されます。そこで空の月を見ている時には、自分の目で得られた認識は確かです。身体のどこかに痛みを感じるのも知覚を通じてです。知覚作用では、知覚対象の名称指示という極めて表層的次元を除き、我々の思考機能は働きません。そこで、木が見えるとき、それが見えるという最初の印象は、「木が視覚に入る」場合の知覚になります。木に関するそれに続く一切の解釈は、真の知覚の後で別の頭脳活動が起きているわけで、知覚の部分ではありません。

認識対象を直接見ることが出来ないで、その対象と常に関連のある何らかの仲介物を通じてそれを知らなくてはならない場合、推論（アヌマーナ）が必要となります。インド哲学の古典的な例では、山から煙が出てくるのを見て、山火事だという認識の方法です。

信頼すべき人物の言葉（*āgama*）は、知覚や推論が成り立たない分野で、認識の源泉になります。例えば、「人間は涅槃（*nirvana*）に到達しうる」と仏陀が説いたり、「人間は完全な自己解放を達成できる」とウパニッシャドの著者達が言明すると、我々は、これらは超精神的体験のある、我々にとり権威者たる人間から発せられた言葉として、受け入れるのです。

インドの伝統では、認識の確かな方法について長期にわたる議論があり、意見が常に異なっていたことに注目しておきましょう。ある人達にとっては、ヴェーダはそれ自体、確かな知識の源泉であって、それを権威付ける如何なる外部的証拠を必要としないのです。しかし、序論で述べたごとく、言葉は知覚を通じて受取られますが、その意味は常に、人により異なるもので、推論の域にあるのです。ある人間にとって権威ある人物の言葉であっても、別の人間にとっては全く誤ったものに見えるかもしれません。同じように、我々が自らの頭脳作用を静止させた（チッタ・ヴリッティ・ニローダハ）場合、木を見ていても、自分は木を見ている、とは言えないでしょう。というのは、見られているものが木であるという認識は記憶に基づくもので、決して知覚作用の部分ではないからです。見られているものが木であると言っている間に、我々の心は既に動いてしまっているからです。チッタ・ヴリッティ・ニローダハの状態では、我々は、言葉では何とも名状しがたい内的沈黙の中でのみ看取される『その様な』何かを意識するだけなのです。

8 विपर्ययो मिथ्याज्ञानम् अतद्-रूप-प्रतिष्ठम्। (I-8)

viparyayo mithyājñānam atadrūpa-pratiṣṭhitam

誤った認識とは、対象の本性に基づかない虚偽の知識をいう。

誤った知識の古典的な例を挙げれば、暗がりにいる時に、綱を蛇と思う場合がそれです。蜃気楼は誤った知識の典型です。誤った知識はその知識の持ち主のその後の経験と矛盾するところが出てきます。一方、確かな知識は、変わることなく、後の経験によって立証されていくだけです。

9 शब्द-ज्ञानानुपाती वस्तुशून्यो विकल्पः। (I-9)

śabda-jñānānupātī vastuśūnyo vikalpaḥ

言葉に基づく、実体を欠く認識は言葉による概念化と言われる。

見えないもの若しくは抽象的な観念についての我々の知識は大部分、言葉に基づきます。反証に出会わない限り、我々はその言葉の知識を確かなものと受取ります。*vikalpa* とは、疑念、不確実性、選択、代替物等の意味です。言葉を通じて得られた知識は全面的には信用できません、というのは同じ対象や現象でも人が異なるとその叙述の仕方も異なって来るからです。(数と数により規定されるものだけには明確な意味があります)さまざまな人間、国家、文化、宗教、イデオロギーについての我々の観念は全て、本当かもしれないし、そうでないかもしれない言葉上の意見に基づいています。我々の社会、政治、宗教などの活動は大部分そうした言葉によって作り上げられた観念に支配されています。社会科学や人文科学の分野の学術的仕事は全て言葉の遊戯で、しばしば「アカデミック・ノイローゼ」とも言うべき結果になりがちです。アカデミック・ノイローゼに罹った人間は、自分達の使う言葉が明確な意味を持たず、なんら価値ある結論に辿りつけないことを自覚せずに、社会、政治、経済、教育、文学、芸術或いは宗教に関する理論を生涯かけて議論することになります。しかし、社会は言葉に基づいているので、言葉を使える人間が社会の中で重要な立場に立つと、往々にしてその周囲に多くの混乱を作り出すことになってしまいます。

10 अभाव-प्रत्ययालम्बिनी वृत्तिः निद्रा। (I-10)

abhāva-pratyayālambinī vṛttiḥ nidrā

睡眠とは、心に想念が存在しない時の心の働きである。

パタンジャリによれば、我々の心は通常の睡眠時でも、夢を見ていない熟睡時でも活動しています。従って、起きてから、「今日は良く寝た」とか「何遍も目がさめてしまった」などと言うわけです。こうした文句は寝ている間に心が味わった経験を表現しています。

たとえ我々の夢が日常生活で見慣れた世界に関わるように見えても、覚醒して分るとおり、世界はそこに存在しておりません。それは全く別領域なのです。そこでパタンジャリは、睡眠時の心の働きは、我々が暮らしている現実世界の否定に基づくというのです。我々は現実世界から離れ去って始めて眠れるのです。我々の心が現実世界の問題に関わり過ぎると、我々は眠れないのです。眠りは、我々が現実世界を捨てた時に始めて訪れます。

11 अनुभूत-विषयाऽसम्प्रमोषः स्मृतिः। (I-11)

anubhūta-viṣayā'sampramoṣaḥ smṛtiḥ

記憶とは、経験した対象が失われていないことである。

記憶が存在するためには、実際に或る対象なり出来事を実際に体験していなければなりません。我々の周りには沢山の物があり、四六時中多くの出来事が起こり続けています。それらの全てが実際に経験されているわけではありません。例えば、鉄道の駅にいる時、そこの全ての人間や全ての列車、そこで起きていること全てに注意しているわけではありません。後になって思い出せるのは、実際我々の注意を惹きつけ、我々の意識に入りこんできた物や出来事だけです。それらの経験の大部分も次第に記憶からこぼれて行きます。我々の現在の記憶は、実際、我々が経験し、我々の頭脳が保持しえた物や出来事から成立しています。

これらのチッタ・ヴリッティ、即ち心の状態は孤立しては存在しません。それらは常に相互に交じり合っています。そこで、我々が何かを眺めている時、我々はそれについて正しい認識(*pramāṇna*)なのか誤った認識(*viparyaya*)なのかどうかいつもはっきりしているわけではありません。我々の記憶(*smṛti*)は知覚にも関連しています。以前訪問したことのある町を訪ねた時に、我々の知覚には沢山の記憶が連動します。睡眠でさえも知覚に関連します。例えば、話を聞いているうちに、内容に飽きて、居眠りすることがあるかもしれません。そして突然目覚めて、話し手が何を語っていたかを思い出し、また寝入ることがあるかもしれません。言語的妄想は、我々の意識的、学術的、社会的、宗教的生活の中で我々がしているあらゆることに関連する心の動きです。我々が政治家や宗教指導者、実業家の話に騙されるのはしばしばです。

チッタ・ヴリッティの概念を理解するよい方法は、自分自身のチッタつまり個別意識に生起していることを眺めることです。そうすると、覚醒時に起こり続けている活動が思考活動であることが分かります。パタンジャリがそう言っているのではありませんが、思考は最も広範にみられるチッタ・ヴリッティの一つだと言えましょう。心に思考が起きている限り、そこにヴリッティが起きていることを確信できましょう。それで、実際的な言葉でいうなら、チッタ・ヴリッティ・ニローダハ(ヨーガの目的:一切の心の動きの静止)と言うのは、思考レベルを超越し、言葉もイメージも心に浮かばなくなるような意識状態に到達することです。後になって、パタンジャリが、ヨーガでの進歩に関連して、思考過程を考察していることがわかります。

12　**अविद्याऽस्मिता-राग-द्वेष-अभिनिवेशाः क्लेशाः।** (II-3)

avidyā'smitā-rāga-dveṣa-abhiniveśāḥ kleśāḥ

苦悩の原因は、(i)無知、(ii)「私」という感覚、(iii)愛着、(iv)憎悪、(v)生への執着である。

人間は悩む動物です。そう、短期間なら人生に幸福な時があるにしても、全般的に、人生は悩みを取り除こうとする長い闘争です。街角の人間に聞けば、自分は、悩みを取り除くことよりむしろ、幸福を探し求めていると答えるでしょう。しかし、その幸福への努力は現時点での苦痛と悩みに根ざしています。自分のいる世界の中で、彼は貧乏でか弱く困惑しきって無力感に苛まれ、それがないために自分の人生をかくも苦難に陥れている財力、承認、権力、自由を得たいと望むのです。

人生上の苦悩は原因がないわけではありません。人生で苦悩の体験に遭遇すると、通常、我々は自分の不運を嘆いたり、国家の社会経済機構や他の人間の性格や行動を非難します。自分の内を見つめ、自分の悲しみを引き起こす何らかの欠落部分があるのではないか、と自ら点検してみようとはしません。パタンジャリは、苦悩の真因は自分の内部にあり、それらが、自分の本性に対する無知、狭い自我への執着、愛着や憎悪、生活の現状を維持したい欲求などである、というのです。この後の文でパタンジャリは、これら原因を一つ一つ説明していきます。

13 **अविद्या क्षेत्रम् उत्तरेषां प्रसुप्त-तनु-विच्छिन्नोदाराणाम्।**

(II-4)

avidyā kṣetram uttareṣāṃ rasupta-tanu-vicchinnodārāṇām

無知は諸々の苦悩が生じる原因の土壌である。　現時点において(i)休眠中、(ii)微弱、(iii)断続的、(iv)活発な状態のものがある。

この世の苦悩の根源は無知(*avidyā*)です。この基本土壌に他の様々な苦悩が育ちます。これら苦悩因は、①休眠中、つまり今は活発化してないものの将来動き出しかねないもの、②微弱ながら将来強まったり弱まったりするかもしれぬもの、③一時的に苦悩の発現が阻止されているもの、④今現在、はなはだしく悩ましているもの、などあります。

人間の苦悩の基本原因は自分の本性に関する無知です。パタンジャリは冒頭で、ヨーガの目的は、人間の心の働きを鎮め自己の本性を知らしめることである、と述べました。心が落ち着かないために生じる苛立ちから、人間は絶えず生存の表層でもがき苦しみ、自分の本性を知るために自己の内部に深く沈潜することが出来ません。

この基本的無知から他の苦悩の原因が現われて来ます。つまりこれらの様々な苦悩原因は、同じ次元で作用しているわけではないのです。そのあるものは全面的に作動中で、容易に特定できます。例えば、自分の苦悩は、自分の中で強く働くエゴ意識のために生じていると、分かるかも知れません。例えば、エゴ意識があるのが分かっても、家族とか社会の異なる成員間で現れるために、さほど表面化しないこともあります。その他の場合、一時的に抑制されるのです。

例えば、或る社会の様々な人間のエゴ意識は戦争とか災害時には、一時的に抑制されるでしょう。しかし、別の苦悩原因が現時点では休眠していて、後から表面化するかもしれません。自分では他者と競争したい、という気持ちが全く無く、従って自分自身エゴのない人間と考えて来た人間でも、隣人が突然金持ちになったり、権力を持つようになると、隣人と競争する自分自身に気がつくかもしれません。こうして苦悩の原因もいろいろ形を変え続け、その結果、我々の内面的状態も常に流動状態にあることがわかります。それは、我々の中の様々な形をとる様々な苦悩原因に従って、いつまでも変化し続けて行きます。

14 **अनित्याशुचि-दुःखानात्मसु नित्य-शुचि-सुखात्म-ख्यातिः अविद्या।** (II-5)

anityāśuci-duḥkhānātmasu nitya-śuci-sukhātma-khyātiḥ avidyā.

無知とは、一時的なものを永遠なものと、不浄なものを清浄なものと、苦痛なものを快適なものと、我でないものを我と、見なしてしまうことである。

人間の基本的本能には、生命の永続、自分の周りの清潔、清澄、常時の幸福、本当の自分でありたい等という欲求があります。しかし、これら基本的本能の充足に際し、人間は非常に誤った判断をしてしまうことが現実には起きるのです。例えば、人間は、世界やその中の事物、特に、自分にとって大事なものは、常時あり続けると思いこみます。若くて健康な時は、老年や病気のことは滅多に心に浮かびません。裕福な人間は富は常に我が手にありと思うし、愛する人間は自分の愛の対象が常に自分の側にいるものと信じています。残念ながら、実際にはそうはいきません。この世における一切のもの、一切の関係は一時的なものです。時には、お気に入りのイデオロギーや信条の中に、それぞれの経済的、政治的或いは宗教的諸問題の恒久的解決策を見出したと思う人間も現われます。しかし、これは全くの妄想です。この世でイデオロギーや信条は永続的なものではありえません。一切の観念は事物や人間と同じく、本質的に変りゆくものです。

人間は清純を望んで、必要に迫られ外面的清潔さの保持に腐心しても、内面的不潔さを除去できません。時には、宗教の名の下に、明らかに不純なことが行われ、それに数百万人が動員されることもあります。ヒットラーは、ユダヤ人六百万人を純粋なアーリヤ民族の敵と見なし抹殺しました。宗教の名の下に、今でも動物が犠牲供養に供されています。

幸福への欲求は人間に最も強いものです。しかし、幸福の名の下に、人間は快楽を追求します。快楽追求は全て終局的には苦痛に終わります。大概の人は、金が自分に幸福をもたらすと期待し、金を追求します。しかし、遅かれ早かれ、彼等の追求は幻想に終わります。金で買えるものは、幸福ではなく安楽とスリルに過ぎません。

苦悩の最終原因は、自分は一体何者かということついての人の心の混迷に関わります。大体、我々は自分自身を肉体とか家族とか、国とか宗教などと同一化します。自分の肉体が老いると、自分は老いたと考えます。心が勝手に考えているのに、自分が考えていると思い、自分を思考と同一化してしまうのです。自国チームが試合で勝つと、自分が勝ったと思い得意になります。明らかに、こうした関係は一時的でうつろいやすいものです。我々は肉体も国籍も、多くの場合、宗教も自分では選択しておりません。にもかかわらず、我々はそれらと自分を強く同一化し、失望、落胆します。平安を見つけるには、自分の肉体と心との関係を含め、これら一切の関係を超越した真正の同一化を見出さなければなりません。

15 दृग्दर्शन-शक्त्योः एकात्मता इव अस्मिता। (II-6)

dṛgdarśana-śaktyoḥ ekātmatā iva asmitā

「私」という感覚は、見る者（意識）と見る力（認識）とを同一視するところから現れる。

序論で述べたように、プルシャ、即ち宇宙意識は目撃者にすぎません。しかし、プラクリティの活動が始まり、多くのエゴや心や感覚諸器官が活性化すると、プルシャの一部は肉体の中にあるこれらの諸器官の一つと同一化します。そして、純粋意識としての自らの本性を忘れ、自分を感覚器官とか心などの活動を自分と同一化するのです。相異なる人々は、自分自身を男とか女とか、それぞれの家庭、社会、国家、宗派の成員、特定イデオロギー信奉者、異なる職業従事者などと見なし始めます。彼等は、自分がある時生れ、成育し、いずれは必ず死ぬと考えます。でも、これらのことは、皆実際起こるとはいえ、エゴや心、感覚器官といった見る道具としての複合体についてのみ起こることで、純粋意識即ちプルシャたる見る主体には起こらないことなのです。「私とは誰か？」という究極的質問への回答は心の活動からは出て来ません、何故なら、その活動は基本的に無意識的性質の場で起こり、それとは別個のある意識的要素を意味しているからです。その純粋意識が、各人の中の真の「我」なのです。

16 सुखानुशयी रागः। (II-7)

sukhānuśayī rāgaḥ

愛着は、快楽にしがみつくことから来る。

子供は外的な愛着を何か持って生まれて来るわけではありません。しかし、この世で経験を積むにつれて、次第に、或る物や人間が他のものよりも、より多くの満足を与えてくれることが分かってきます。ある人や物に対し、好き嫌いが発達し始めます。この傾向はその後の人生に続いてゆきます。心の発達につれ、出来るだけ幸福な人生を送るべく、ますます考え、かつ計画するようになります。この努力の中で、我々は当然、過去において幸福を与えてくれた物や人のことを考え、そうした物や人と共に将来より多くの幸福や喜びを得ようと計画します。こうした考え方から特定の物や人に対する愛着が生れます。

或る物や人に、内在的に好ましいとか、好ましくないとかいうものがあるわけではない、ということに注意して下さい。或る人により好まれるものが、他の人によって嫌われたり、無視されたりすることがあります。例えば、我々の特定の食物への好みは、幼少の時から食べ慣れて来た食物についての印象に全面的に由来します。或るグループの人々にとって美味しいものが他の人々に全く嫌われることがあります。他の人々への我々の関係も多分に偶然的なものです。もし別の場所で生れ、生活していたら、我々が好む人や嫌いな人は別になっていたでしょう。我々が好む人たちは他の人には好まれないかも知れません。同じ事は宗教にも当てはまります。自分の宗教だけが正しく、他の宗教は偽りであると我々は考えがちです。もし我々が別の宗教に従う家庭に生まれていたら、我々の宗教に対する考え方は全く違っていたでしょう。我々が自分の宗教に愛着を持つのは、我々が自分と同じ宗教の信奉者の間で生活してきたので、安全と帰属感を持てるからです。同じことは国についても言えます。物や人に対する我々の愛着は全て、それらが過去、我々に与えてくれた心地よい経験に由来するのです。

17 दुःखानुशयी द्वेषः। (II-8)

duḥkhānuśayī dveṣaḥ

憎悪は、苦痛との結びつきから来る。

嫌悪や憎悪が拡大してゆく過程も、愛着のそれと似通っています。我々は生まれつき嫌悪を抱いてはおりません。それなのに、成人たる我々は特定の物や人に対して実に様々な嫌悪や偏見、時には憎悪さえ抱いています。ある物への嫌悪はその物に関係した不愉快な経験に由来します。憎悪は他者が我々に直接及ぼした苦痛により引き起こされることもありますが、間接的な連想から生じる場合もあります。多くのキリスト教徒は、イエス・キリストの死がユダヤ人の責任であるとして、ユダヤ人を憎みます。過去に起こったことに現在のユダヤ人が全く関係がないにもかかわらずです。二つの国民が過去において彼等の祖先達が行ったことのために、相互に嫌悪しあうこともあります。

パタンジャリは、我々の個別意識が過去の経験によりどんなに支配されているかを気付かせるために、愛着と嫌悪の主題を取りあげています。我々は過去をなかったことにすることは出来ませんが、過去が自分の現在の思考に影響を与える過程に気付かせて、現在の生活への過去の呪縛を弱めることは可能なのです。

18 स्व-रस-वाही विदुषोऽपि तथारूढोऽभिनिवेशः। (II-9)

sva-rasa-vāhī viduṣo'pi tathārūḍho' bhiniveśaḥ

生への執着は、好ましい感覚を伴うので、賢者の間にも頑強に根づいている。

生物の最も強力な本能は生存本能です。死を望む者はいません。命の空しさについて学識ある議論を展開する人間といえども命には執着します。そして生存欲はそれ自体の感性に裏打ちされています。大抵の人は、死を恐れる以外に、自分が何故生きたいのかその理由はいえないのです。つまり我々は何かに執着すると、その物事を本当には理解し得ないのです。一人の女を愛する男は、その女を客観的に知る立場にはありません。宗教書を盲目的に信奉していたら、それを批判的に研究することは出来ません。もし我々がいつも生きようとばかりしていると、命が本当に何であるかが分らなくなります。といっても死を愛し始めるべきだと言うのではありません。ただ、我々としては生命に対する無執着の見方を持つべきなのです。

我々は常に現状が続くことを望んでいます。例えば、ビジネスマンはビジネスマンとして、芸術家は芸術家として生き続けたいと願います。様々な宗教信奉者はそれぞれの宗教を信じつつ生きながらえたいでしょう。別の言葉で言えば、生きるという名の下に、自分自身が作り上げた狭い精神的仕来りの中で暮らしつつ、自分の過去と現在を将来まで延長させたいのです。これこそヨーガが第一義の目的としている自分本来の性質の理解を妨げているのです。クリシュナムルティが言うように、我々は、過去に自分に起こった一切のことを無視して、過ぎ去っていく時を全て捨て去り、ただひたすら現時点でのみ生きるべきなのです。そうして初めて我々は過去の関わりから解放され、人生とは何か、自分が本当に誰なのかを知りうるようになりましょう。

19 **ते प्रति-प्रसव-हेयाः सूक्ष्माः।** (II-10)

te prati-prasava-heyāḥ sūkṣmāḥ

これら(苦悩の原因)は、微細な状態の時に本源に立ち戻ることによって除去しうる。

激しい感情でかっかとしている時には、状況に対し客観的な見方をしてそれを変えていく手立てを尽くすことは若干難しいのです。憤怒に燃えている人は冷静に自分の行為を見つめる立場にはありません。その時は、彼は自分の憎しみの対象を傷つけ破壊しようとしがちです。他の判断を曇らせるような興奮状態についても同じことが言えます。しかし、我々はいつもそうした苛立った気分ではありません。パタンジャリが言及している障害が微弱な時とか、潜伏状態にある時が人生の中では相当期間続くのです。そのような時、我々は多少なりとも安定状態にあるわけで、そうした心理的障害を点検し、それらを除去減殺することが出来るのです。

パタンジャリは我々の苦悩の原因を探すように助言します。原因を除去することにより、苦悩の除去が可能になります。例えば、我々は自分が心情的に惹かれる物や人を見極めることが出来ます(rāga)。何故自分はそれらに惹かれるのだろうか？大抵、官能的快楽欲とか安定欲、エゴの圧迫などがある物や人に執着する原因であることが分かってきます。一方、特定の人間への嫌悪は（*dveṣa*）、自分のエゴが彼らに傷つけられたからです。

同じように、「私」という感覚の根源が、自分の行う全ての中心にあることがわかります。この「私」の本体は何でしょうか？自分自身についての自分の思考により生み出されたものでしょうか？我々は自分自身について特定のイメージを作り出し、このイメージにあわせて人生を送ります。実業家として大変成功をおさめる人もいれば、強力な政治指導者になる人もいます。しかし、実業家とか政治指導者になることが彼等の存在の核心でしょうか？もし彼らが医師やエンジニアになっていたとしたら、これらの人達の本当の自己同一性は別になるでしょうか？明らかに我々の本当の「私」なるものは、自分自身について我々が抱いているイメージを超えています。こうしたイメージは、自分の心とエゴが作り出したチッタ・ヴリッティの結果なのです。そのことを知ると、我々は自分について自分が作り上げたイメージを除去できるのです。これにより、「私」という感覚により作られた障害は次第に取り除かれていくでしょう。

苦悩の原因が除去されれば、自分の苦悩を排除するのにあまり時間はかかりません。しかし、それが可能になるのは、その障害が活発な状態にはなく、比較的静まった状態にある時のみであると、パタンジャリは述べています。往々にして我々は、人生が苦難に満ちた時になって始めて、精神的な道に入ろうと考えます。パタンジャリは、自分の生活に精神的純粋性をもたらそうと努めるのは、物事が比較的順調にいっている場合がよかろう、と助言するのです。シュリ・オーロビンドは「我々の生活全体がヨーガである」と言いました。それなら我々は毎日を実践（サーダナ）の日にしなくてはなりません。

20 **ध्यान-हेयाः तद् वृत्तयः।** (II-11)

dhyāna-heyāḥ tad vṛttayaḥ

それら（苦悩の原因になるもの）の心の働きは、瞑想によって除去しうる。

パタンジャリが挙げた障害は、それ固有の心の波を生み出します。我々は自分の愛や憎しみの対象について、どうしたら近づけるか、或いは、どうしたら避けられるかと、考え続けます。我々のエゴは、世の中で自分をより裕福に、或いはより有名になるための活動を指示します。生を存続させようとする欲求(*abhiniveśa*)は常に人間に死について心配させます。こうして我々の心はこうした障害の影響下にあって常に波立っています。瞑想は心を鎮めるので、心の波立ちを抑制するのに役立ちます。瞑想は本質的に心を波立たせないように沈静させるプロセスです。これはヨーガの目的でもあります。少し先で、パタンジャリはヨーガの八つの肢に触れます。そのヨーガの最終状態が三昧(*samādhi*)といわれるもので、個別意識の宇宙意識との融合です。その前段階が瞑想(*dhyāna*)の段階なのです。瞑想状態に辿りつく前に、我々は幾つかの準備的段階を踏まなければなりません。我々が苦難から脱するのは、瞑想段階にしかと確立するようになってからのことです。そうして我々はヨーガの道に横たわる障害を最終的に除去するのです。

21 **क्लेश-मूलः कर्माशयो दृष्टादृष्ट-जन्म-वेदनीयः।** (II-12)

kleśa-mūlaḥ karmāśayo dṛṣṭādṛṣṭa-janma-vedanīyaḥ

過去世で作られたカルマから生じる微細な印象が苦悩の原因であり、その結果が現世もしくは来世における経験をもたらす。

パタンジャリは精神領域での厳正な因果応報を信奉しています。現世における我々の苦悩は過去世の我々の行為により引き起こされたのです。我々の一切の思考ならびに行為は一つの生涯から次の世の生涯へと持ち越されていく精妙な痕跡を我々の意識の中に残します。カルマの結果のあるものは今生で眼にみえる形として現出します。ある人の現在の精神不調の原因を探ると、今生でその人が行った誤った行為に行き着くことがあります。例えば、もし我々がある人間に対し不適切な対応をしてしまうと、その誤った行為は、後々まで、我々の心を苛み続けます。

我々の一切の行為は良かれ悪しかれ、精妙な痕跡を作り上げ、それが未来世の我々の生活様式を決定付けるのです。我々は自らの過去世のカルマの結果を引受けた上で、現世でも未来世でも我々は悪いカルマを形成することのないような行為を行うべきです。

22 सति मूले तद् विपाको जात्यायुर्भोगाः। (II-13)

sati mūle tad vipāko jātyāyurbhogāḥ

原因があるかぎり、その結果として新たな生を受けることになり、その人生の中で、苦楽を経験する。

外的世界の因果の法則は内的世界にも当てはまります。原因は我々には見えなくても、潜在可能性として実在していて、現世でなければ、未来世においてその果実を産み出します。実際、我々がこうして現世に生れているのも前世のカルマの結果であると考えられます。このカルマはまた、我々の現世における寿命を決め、そこで我々が体験する苦楽を決定する要因ともなります。もちろん、過去世でのカルマに現世でのカルマも追加されます。現世での我々の行為によって、現世と未来世での我々の環境は良くも悪くもなるのです。

このようにして我々の現在の生活は、過去で自分が為したことと現に自分が為しつつあることの相互作用なのです。過去が我々の現在を決めているにしろ、全てに及ぶわけではありません。我々の現状は我々の過去の行為に起因します。しかし、我々には現世で良い行ないをする機会もあります。このことは我々の現世の生活をより幸福なものに、苦しみのより少ないものにするばかりでなく、未来世におけるよりよき生活の基盤も形成してくれるでしょう。

23 ते ह्लाद-परिताप-फलाः पुण्यापुण्य-हेतुत्वात्। (II-14)

te hlāda-paritāpa-phalāḥ puṇyāpuṇya-hetutvāt

それら(出自、寿命、経験)は、善行と悪行に応じた苦楽から生じる。

何故に現世では人間の中に大きな相違が存在するのか、ということは、大きな哲学的宗教的問題でありました。パタンジャリの答えは、現世における苦難は前世で為した悪行に由来し、また、現世で経験する幸福は過去世での有徳な行いの結果であるというのです。これはカルマの一般法則です。これは現世での我々の運命を謙虚に受け入れさせると共に、この世での状況改善のために善行を為すように励まし、さらに未来世でよりよい生活をするための基礎を築きます。

24 परिणाम-ताप-संस्कार-दुःखैः गुण-वृत्ति-विरोधात् च दुःखमेव सर्वं विवेकिनः। (II-15)

pariṇāma-tāpa-saṃskāra-duḥkhaiḥ guṇa-vṛtti-virodhāt ca duḥkhameva sarvaṃ vivekinaḥ

識別する者にとって、一切は苦である、何故なら快楽は、結局、苦痛をもたらすものであり、将来の苦を生じさせる潜在印象を作るに過ぎないからである。また、人の中にあって、それぞれのグナは、いつも相互に矛盾しあいながら働くからである。

幸福の追求は、人間の生活の中で最も強力な動機です。街中の人間に、あなたがこの世で動き回るのは何故かと聞けば、「幸福追求のため」という答が大概返って来るでしょう。パタンジャリは、上述の我々の現在の苦楽は我々の過去の行為の結果であると言ったのです。とすれば、現世でより多くの幸福を獲得し、未来世でもより大きな幸福の基礎を用意できるように行動するのは当然です。パタンジャリはここで「この世で継続的幸福を求めることは無益なり」との賢明な助言をします。人生は、一切が結果的に不幸になるようにつくられているのです。仏陀もこの世の一切は苦悩の衣で包まれていると明言したのです。現代に至って、J・クリシュナムルティは人生のこの面を強調しました。彼は「我々の個別的悲哀の背後と彼方に、究極的真理を知り永遠の平安を発見するために、洞察しなければならない普遍的な悲哀が存在しているのだ」とまでいっております。

幸福への欲望も含め一切の欲望は、不幸の根源となっています。理由は簡単です。もし我々の幸福が、通常そうであるごとく、何か外的な要因に依存するなら、我々は決して、未来の生活条件を常に幸福に導くようにしておけるとは確信できないのです。他人や外的環境は自ら統御できません。自分の幸福の対象を見つけられない可能性は大変大きいのです。この世では期待を持てば持つほど、欲求不満に陥ります。たとえ我々が欲望の対象を何とかして獲得したとしても、将来それを失う恐れは常にあるのです。それに、更に重要なことに、我々は一旦ものを手にすると、それに対する興味を失い、我々が期待していた幸福が得られなくなってしまうのです。ジョージ・バーナードショウ曰く、「人生には二つの悲劇がある。一つは、心の欲するものを得られないこと、今一つは、それを得てしまうこと」。つまり我々は、幸福の対象獲得に成功した時でも、人生の不幸を体験するようにできているのです。

さて、人間の不幸には、さらに深い理由があります。エゴや心や感覚器官を含め、この世の一切はプラクリティの三つのグナから作られています。サットヴァ・グナは光明と幸福に満ち、ラジャスは不安と活動と苦難に満ち、タマスには遅鈍、愚昧な性質があります。人間のフィーリングはこれら三つのグナの相互作用で生起されます。サットヴァが優勢であれば、我々は平和と幸福を感じます。ラジャスが優勢なら、我々は活動的になって、多くの場合困惑と悲惨を感じます。タマスが優勢なら、鈍重緩慢なフィーリングに覆われます。グナに対し統御する術はありません。グナが我々を作るのであって、その反対ではないからです。それらの働きは自然発生的であり、三者の比率や強度は我々の中で常時変化しています。我々が同じ内的状態に特定時間留まり得ないのはそのためです。普通の人間は大方ラジャス優勢の状態にあるので、この世にある限り、生涯を通して、彼は絶えず不安に駆られて活動し、次から次へと悪しき行動の連鎖にはまってしまします。そこで殆どの人間にとって、人生は絶え間ない苦悩の連続となる。明敏な人間はこの事実を極めて明白に見極めています。

25 हेयं दुःखम् अनागतम्। (II-16)

heyaṃ duḥkahm anāgatam

まだ来ていない苦悩は回避すべきである。

我々のこの世の現状は過去世のカルマに由来しています。そこで、結実し始めているカルマは変えられません。その軌道にそって進みます。しかし、現世と来世の苦悩の原因を避ける工夫をすることは出来ます。

誰でも幸福を願い、不幸を避けたいと思います。しかし、我々は苦難を回避するのに必要な方策をたてようとはしません。実際、我々は苦難を現に体験する羽目になってから、初めて苦難について考えます。それは健康問題に似ています。我々は病気になって始めて健康について考えます。さもなければ、健康については無関心です。しかし、賢者なら未来について考えます。我々は自分の行動のどれが将来、我々に苦難をもたらしかねないか注意深く検討すべきなのです。例えば、ある人に対し否定的な考えを抱くのは、現在はよいかもしれません。しかし、そうした否定的思考が我々の心理に微妙な刻印を残し、そのカルマが将来、とても困った形で発現して来るかもしれません。そこで我々は何か考えたり、行ったりする時はいつも、現在だけでなく将来のことにも注意を払わなければならないのです。偉大なヒンディーの詩人カビールは、「全ての人は悩んでいる時は神を思う。幸福な時は神を忘れる。幸福な時に神を思えば、悩みの原因は失せるだろう」と歌いました。未来の苦悩を避けるため、我々は現在為していることに十分注意していなくてはならないのです。

26 द्रष्टृ-दृश्ययोः-संयोगो हेय-हेतुः। (II-17)

draṣṭṛ-dṛśyayoḥ-saṃyogo-heya-hetuḥ

見るものと見られるものの結合こそ、回避さるべき苦の原因である。

純粋な形のプルシャ即ち意識は、見る者たるにとどまり、現世の活動には介入せず、それに由来する喜びと苦しみにはこだわらないのです。しかし、見る者は、無知から、プラクリティの現実形態としての心とか感覚器官や物質的対象等と自分自身を同一化してしまいます。人間の悩みの始まりは、自己を非自己と同一化することにあります。例えば、自分の家が火事で家財一切を焼失させてしまったり、株式相場の混乱で大損害を蒙ると、人は「自分が破滅する」と言うようなものです。個人としては、そうした損失を蒙った後でも、彼はその前と全く同じ人間なのですが、自分の物質的損害と同一化してしまったために、自分の持ち物が無くなると、自分が無くなったと思ってしまうのです。

未来への願望を抱きつつ現世的活動を為すかぎり、悩みは必ず生まれます。プラクリティが産み出したものに関連する一切の活動は結果的には苦悩を作り出すのです。今日心地よいことと見えたものが、明日には結果的に苦悩になってしまうのです。苦悩を完全に取り除く唯一の道は、純粋意識の中に自分の本性を見出すことです。その状態に自らを確立するようになれば、精神的求道者は、心や感覚器官等の次元で起きている動きには全く影響されません。ギーター(6-22)が述べるように、ヨーガの至高状態に確立した人は、自分以外に幸福の源泉を見出すことなく、襲い来る最大の苦悩にもひるむことがありません。

27 **प्रकाश-क्रिया-स्थिति-शीलं भूतेन्द्रियात्मकं**
भोगापवर्गार्थं दृश्यम्। (II-18)

prakāśa-kriyā-sthiti-śīlaṃ bhūtendriyātmakaṃ
bhogāpavargārthaṃ dṛśyam

見られるものは、(グナの)光明、活動、惰性という三性質を有し、物質的要素と感覚器官からなり、(見るものが見られるものを)経験し、解放されるために(存在している)。

プラクリティは三つのグナ、即ち、光と清明の性質を有するサットヴァと活動の性質のあるラジャス、惰性的性質のタマスから成り立っています。人間の英知やエゴ、心や感覚器官、それに物質要素など、この世の一切のものはこれら三つのグナから構成されています。これらのグナはこの世で生起している万物の中に現れています。事実、ギーター(3-27)が言うように、「この世の一切の活動はプラクリティのグナによってなされる。しかし、自我はエゴに欺かれ、自分が行為者であると考えてしまう」のです。

さてプラクリティの活動は無目的ではありません。二つの明確な目的があります。一つは、プルシャに見える世界を楽しませること、今一つは、それからのプルシャの解放を助けることです。奇妙に見えるかも知れませんが、これら二つの機能はプラクリティにより達成されます。何故なら、プルシャ(意識)は決して真の束縛状態にはありえないからです。意識が感じる束縛は見かけに過ぎません。我々が三つのグナの活動から解放されれば、我々は世の中にはあっても、世の中に巻き込まれたり影響を受けたりすることのない純粋意識と言う形で、自分自身の本性を見つけられるでしょう。

28 विशेषाविशेष-लिंगमात्रालिंगानि गुण-पर्वाणि। (II-19)

viśeṣāviśeṣa-liṅgamātrāliṅgāni guṇa-parvāṇi

グナには四段階があり、特徴的な差異があるものとないもの、原初的標識のあるものとないものがある。

この世の全ては三つのグナにより作られ、世の中の一切の動きもこれらのグナにより存在しえています。この世には無限の形と活動が存在します。それはグナがこれら異なる局面を経過して行くからです。パタンジャリはこれらの局面は、最も粗大な形態から最も精妙な形態まで幾つかの段階があると言います。第一に、特殊的形態にあるグナとしては、例えば、自然にある様々な要素や物質、特殊対象をもつ様々な感覚器官、心の様々な働き(平静、常動、無動)等々が挙げられます。第二に、特徴無しの形態とは、エゴの次元がそれにあたります。エゴは個人の行いの背後にあるものですが、その抽象的特性から直接見るわけにはいきません。しかし、自分の中にそれを感じることはできるのです。エゴの性質は、その中の異なるグナの優越度に従って変わってきます。第三に、グナはマハット或いはブッディ(純粋英知)の状態にある場合があります。これはエゴ、心、感官等の生成物の動きを通じて推察されます。グナの最終局面は完全な均衡状態にある場合です。これはプラクリティ本来の状態です。この局面は余りにも精妙なので推論によっても知ることはできません。

29 द्रष्टा दृशिमात्रः शुद्धोऽपि प्रत्ययानुपश्यः। (II-20)

draṣṭā dṛśimātraḥ śuddho'pi pratyayānupaśyaḥ

見るものは見る性質あるのみ。常に純粋でありながらも、見る対象の色を帯びる。

ヨーガ・スートラの最初のところ、第三句で、パタンジャリは、心の作用が絶対的に鎮まった時に、見者(観察者)は自己本来の形態に確立している、と言っております。我々が、本当は自分が何者であるかが分らないのは、自分の個人意識(チッタ)に常に湧き出でる波動と自分自身を同一化しているからです。若者は自分の若い肉体を眺め、自分は若いと考えます。女性は自分の美しい肉体と自分を同一化して、自分は美しいと考え、事業家は自分の銀行口座の残高を眺め、自分は金持ちだと考える、等々です。同じ普遍的な見者たるプルシャが、部分的に我々の中に反映して、それが見ているものの形を取るのです。

つまり、我々は自分を取り巻くものごとと自分を同一化してしまうことがあるのです。通常、自分の周囲に見ているものや格別に近しいと感じているものと自分を同一化してしまいす。しかし、自分が周囲に見ているものは常に変化し続けています。我々の肉体、所有物、思想、環境、人間関係、更には我々の感情は絶えず変化し続けます。そして常に変化しているものは我々の存在の本質ではないのです。変化の背後に、我々は一貫して不変であり続けるものを見出さなければなりません。ギーター(2-20)が言う如く、我々の真我は、決して生れず、決して死せず、なのです。心の動きによって作られる乱流を超越して始めて、我々は自分自身の真我を知り、我々は行為者ではなく観察者にとどまる純粋な覚醒状態で確立することが出来るのです。

30 तदर्थ एव दृश्यस्य आत्मा। (II-21)

tadartha eva dṛśyasyātmā

見られる世界の存在は、ただ見るもののためだけにある。

この広大な宇宙は何か目的を持っているのではなかろうかと、度々我々は考え始めます。世界の科学的分析はこの問題に解答を与えられません。というのは科学が扱うのは事実だけで目的ではないからです。多くの哲学者が世界に目的なしと、論じてきました。世界はいつの間にか現れ、自然法則に従って動き続けて、いずれ宇宙のエントロピーが最大限に到達し、それを動かすのに使えるエネルギーが尽きた時に消滅します。事実、この世界の性質と目的は、物理的外見という点からは決して理解できません。宇宙の性質と目的という問題は、宇宙で起きている一切の背後に存在する意識に関連づけて初めて答えられるのです。科学の発達が進むのも、人間の中の意識が世界を理解したいと欲するからです。意識はそうすることを楽しみ、首尾一貫した理論が仕上がると喜び、自然の謎のある面が、分析理論や仮説では理解しえなくなると失望してしまうのです。

理解しなくてはならない重要な点は、科学を通じ世界を理解するという名目で為されていること全てが、自然の中で進行している諸活動の部分であることです。エルウィン・シュレディンガーが『私の世界観』の中で述べた通り、「論理的思考を通じて現象の基礎を理解することは、結局の所、論理的思考自体が現象の一部であり、そこに全面的に包含されているが故に不可能なのかもしれない」のです。世界の目的は世界から超越して初めて理解できるのです。世界が存在しているのは、世界の全生命の個別的魂という形で存在する意識がそこで喜んだり悩んだりするためなのです。

31 कृतार्थं प्रति नष्टमपि अनष्टं तदन्य-साधारणत्वात्। (II-22)

kṛtārthaṃ prati naṣṭamapi anaṣṭaṃ tadanya-sādhāraṇatvāt

(プラクリティの世界は)目的を達成した人には消滅しているが、それは(彼の周りの)他の人々と共有されているので、消滅しておらず、存続し続ける。

我々が耳にするのは、世界について全く相反する二つの見解です。ある人は、世界は極めて実在的であって、楽しむためにある、と言います。従って、我々はそこで、出来る限り多くの幸福を見出すように努力しなければならないと言うのです。一方、世界は幻想にすぎない、と言う別の人もいます。彼らは、世界には実質的なものは何もない、と言うのです。遅かれ早かれ全ての人間は世界に絶望してしまうに違いない。もし人間が世界の実情を知るなら、世界にさほど関わりを持とうとはしないだろう、と言うのです。

我々はこの両極端の見解の間に立って困惑してしまいます。しかし、事実は、両方とも正しいと同時に正しくはないのです。世界を見て、その快楽と悲哀を十分知り尽くし、それ以上は何もないことを十分納得した人間は、世界から脱出することを望むのです。その中の幾人かは内的な平安と光明の状態に到達することに成功し、彼等にとって幻想の世界は消滅します。その様な覚醒した人間は他者に向い、「世界の外見的魅力に惑わされてはならぬ、結局は汝ら幻滅を味わうだけなのだ」と、説くようになります。

しかし、世界を心ゆくまでまだ十分見届けてもいないし、楽しみ尽くしてもいない、その他大勢の人間もいるのです。彼等は、この世界をいろいろ探しまわり、もっと新しい楽しみを見つけたいと願っています。実際には、彼等はその快楽願望のために、結局また悩むことになるのです。しかし、人生の終点に行くまで、彼等はそのことに気づきません。その様な人達にとって世界は極めて実在的です。彼等に対し、この世の非実在性を説いたところで無駄なことです。そうした境地こそ人生の究極的目標である、と聞かされたからといって、誰もが直ちに解脱に到達できるわけでもありません。

地球には様々なタイプの男女がおります。彼等は意識レベルを異にして生まれついています。自分の本性を知って、解脱という自らの究極目標に到達するまで、彼等は彼等なりの生活路線を進んで行くほかはないのです。ギーター(3-33)が述べるように、生きとし生けるものは自分自身の本性に従っています。強制しても何もなりません。唯一の脱出法は真っ直ぐ進むだけです。

32 **स्व-स्वामि-शक्त्योः स्वरूपोपलब्धि-हेतुः संयोगः।** (II-23)

sva-svāmi-śaktyoḥ svarūpopalabdhi-hetuḥ saṃyogaḥ

所有されるものと所有するものの力の結合は、(所有するものが)自らの真の本性と世界の本性の本質を知るためである。

世界が存在しているのは意識要素(プルシャ)と物質的特性(プラクリティ)が相関しているからです。人間が現世で生きている、と分かるこの創造の究極目的は何でしょうか？現世における人間努力の最高の目標は何であるべきでしょうか？物質的なものを獲得しようと努め、それを享楽することはもちろん至極自然なことです。しかし、その享楽には限界があり、最終的には苦悩に終わります。世界のあらゆる文化圏の良識ある男女は人生においてより高い目標を追及してきました。しかし、多くの場合、この高次の目標も結局は別の形の現世的なものの追求におわります。例えば、ある宗教は現世で宗教的生活をするならば、我々は来世で天国へ行って、より豊かな生活を楽しむことが約束されていると、説いています。彼等は、あらゆる享楽は、この世であれ来世であれ、同じ結末に至ることを忘れています。様々な宗教で考え出された一切の褒美とか懲罰なるものは、人間の心の産物に過ぎません。そうしたことを信じるなら、我々は永遠に桎梏に繋がれたままになるだけです。

哲学や科学といった純粋な知識の探求は、人生の究極の目標にはなり得ません。その本来的性質から、その様な探求は人間自身や世界に関し究極的知識を我々に授けてはくれません。そうした知的探求は、全て心の働きで遂行されます。それにインド哲学では、心自体、極微粒子であって自然の部分です。一切の心の働きは、言語であれ哲学、科学であれ、それ自体宇宙で生起していることの不可分の部分です。自分の本性を知るために、我々は感覚器官と心とエゴが形成するレベルを超越しなくてはなりません。人は純粋意識のレベルに到達して初めて自分の真の性質を悟るのです。そして、それが人生の究極目的なのです。自分自身の本性を知って始めて、人間は世界の本性を悟るのです。それ以前は、両者の本性について常に混乱したままなのです。

我々には大きな宇宙の究極的目的を知ることは出来ません。何故なら我々自身が宇宙の微小部分であって、知的探求を含め我々の行う全活動は巨大な存在の海の様々な波頭に過ぎないからです。しかし、個人としての我々は、自分の人生に何かしらある目的があるに違いない、と思いつめるのです。我々は皆、意識的若しくは無意識的に絶対的平安、絶対的幸福、絶対的自由を求めます。もし我々が真摯に自分の人生について反省してみれば、我々は囚人の生活をしていることに気がつくはずです。我々は自然の世界に深く巻き込まれています。我々がプラクリティの産物(エゴ、心、感覚器官)と自らを同一化し続ける限り、我々は苦悩することになります。人生の究極目的は、このプラクリティの牢獄を壊し、純粋意識の大空と一つになっていくことです。

33 तस्य हेतुः अविद्या। (II-24)

tasya hetuḥ avidyā

その(意識要素と無意識要素との結合の)原因は無知である。

インド哲学は、個人的ならびに宇宙的と言う二種類の無知を認めます。個人的無知には、自分自身や他の人の生活の中で我々は毎日遭遇しております。時間や便益、学習能力に限界があるため、我々は世界の全てを知るわけにはいきません。技術者は医学のことはよく知り得ないし、医師は建築のことは余り知りません。それに我々は学習したことを次々忘れてしまいます。我々自身の怠け癖や無関心な態度が、さもなければ学び得た多くの事柄の学習を邪魔します。これらの場合が個人的無知にあたります。

しかし、偉大な哲学者や宗教指導者が哲学書や聖典を、あれこれ引用しながら、人間と神の性質について解説するところを聞くと、そうした学者達に無知があるとは、考えられません。しかし、ヴェーダやウパニシャッド、ギーターなどの哲学、さらにインド哲学全般によると、我々全てを包む宇宙的無知(アヴィディア *avidya*)があり、そのために人間は自分の本性を知ることを妨げられているのです。偉大な哲学者、科学者さえも、その桎梏の中にあるのです。この無知こそが、この世界を存在させている理由にもなっている、宇宙意識と自然本性との結合の根拠なのです。この宇宙的無知が何故存在しているか、その理由は分かりません。何故なら我々自身がその産物であって、世界が創造された段階で、始めて我々は活動することになったからです。しかし、一つだけ確かなことがあります。我々は自らの内に反映されているこの宇宙的無知は乗り越えられるので、その魔手から完全に自由になりうるのです。むろん、個人的無知と宇宙的無知を除去する方法には大きな相違があります。我々の個人的無知のある部分を除去したいと思えば、他者が得ていた知識の助けを借りて心を働かせます。心を鋭敏にすればするほど、心を使って努力すればするほど、取り除くべき個人的無知の領域が一段と広がります。これには他の方法はありません。心の積極性を保ち、未知なることを学ぶしか方法はないのです。しかし、我々の内から宇宙的無知を取除くには、我々は自分の心を絶対的静寂に置かなくてはなりません。外面からの働きかけはそこでは何の役にも立ちません。我々が心とエゴの次元を超越して初めて、宇宙的無知のヴェールが除去されだすのです。

34 **तदभावात् संयोगाभावो हानं तद् दृशेः कैवल्यम्।** (II-25)

tadabhāvāt saṃyogābhāvo, hānaṃ, tad dṛśeḥ kaivalyam.

無知が消滅すれば、(見るものと見られるものとの)結合もありえず、(苦悩の原因は)除去される。その時、見るものは純粋絶対者の形で存在する。

意識をもつプルシャと無意識存在たるプラクリティとの結合の唯一の原因は無知であって、この無知を取り去ると、その結合が存続する機縁なくなります。その結合解消で、精神的求道者の苦悩は除去されます。パタンジャリは第一部前半(スートラ I-5, I-6)で、苦悩に五つの原因があり、無知がその他四つの原因の基礎原因である、と述べていました。無知の除去で、他の全ての苦悩の原因も除去されます。無知と他の苦悩の原因から自由になれば、見る者(意識)は純粋なる唯一者の境涯に存するのです。

35 विवेक-ख्यातिः अविप्लवा हानोपायः। (II-26)

viveka-khyātiḥ aviplavā hānopāyaḥ

識別的知識に目覚めることが、妨げられることのない(苦悩の)除去方法である。

苦悩からの開放が人間のもっとも基本的な本能です。人間が食物を求めるのは飢えの苦しみから逃れたいからです。彼が権力追求に努めるのは内的な弱さと不具合の感じから逃れたいからです。しかし、外的生活でどんなに成功しても、人間は内的動揺に悩み続けます。世界で最も裕福で権力ある人といえども悩みます。それは自分が何者で、何故今ここで生きているのか分かっていないからです。彼等は肉体、心、エゴと自分とを同一化して、こうした物質的構成物によって強制される要求を満足させようと懸命に努力します。しかし、たとえその努力の甲斐あって、外面的成功を達成したとしても、苦悩はなお残るのです。物質的な世界(プラクリティ)とは別の、人間の外と内とを統合させる純粋意識(プルシャ)としての人間の本性についての知識に明確に目覚めてこそ、人間は苦悩から完全に自由になれるのです。

36 तस्य सप्तधा प्रान्तभूमिः प्रज्ञा। (II-27)

tasya saptadhā prāntabhūmiḥ prajñā

見るものは七つの段階を経て、最高の境涯たる悟りに到達する。

パタンジャリは、精神的求道者が最終的な悟りに到達する前に通過していく七つの段階をここでは数え挙げてはおりません。しかし、パタンジャリのヨーガ・スートラについて書かれた権威ある注釈書にそのことが出てきます。それらの段階は、次の七つの内的状態に対応しています。

i. 外的世界の限界と、知識、自由、平和、幸福の究極的な源泉が自らの内部にあるという事実を悟っていること。
ii. 精神的な求道の妨げとなる障害物を除去すること。
iii. 純粋意識の状態・サマーディを体験すること。
iv. 外的世界に住みつつも、究極的境地達成という自覚があって、これこそ無二無上のものだという意識があること。
v. 心とその活動の全てがこの目的達成に貢献する態勢が整い、それらを使ってより多くのものを獲得しようとは思わないこと。
vi. 三つのグナを自然の本性という原初状態に融解せしめていること。そして最後に。
vii. 如何なる束縛からも永遠に解放され、純粋絶対状態に永久に留まること。

第二部　ヨーガの実践

第一部では、パタンジャリに従って、ヨーガの性質と目的を理解しようと努めました。

この第二部では、ヨーガの道で進歩するために、パタンジャリがどんな実践的提言を行っているかを見ていくことにしましょう。第二部には、パタンジャリのヨーガ・スートラの第一章から22節、第二章から31節が組み入れられております。各節の初めにつけたナンバーは、第一部から継続しています。各節の後に括弧をつけて付したナンバーは、パタンジャリのヨーガ・スートラの章と節に対応しています。

37　अभ्यास-वैराग्याभ्यां तन्निरोधः। (I-12)

abhyāsa-vairāgyābhyāṃ tannirodhaḥ.

内的修練と無執着により心の動きは静止される。

人間の心はこの世で最もじっとしていられない存在です。それは常に活動的であり、時には、その活動性に歯止めがきかなくなり、そうした心の持ち主は錯乱し、頭脳に耐え難い緊張を感じ始めます。この場合、心が動き過ぎて、人は問題解決をするどころか、思考作用でより多くの問題を作り出してしまいます。境遇に恵まれない人々や社会の中で地位を得ていない人々が自分の持っていないものを得ようとして落ち着かないのは当然です。この世の心の落ち着きない人々の大部分はこの種に属します。しかし、人間の心は本来的に落ち着いていないので、この世の良きものを全て所有し、社会の中で尊敬される地位を既に得ている人々までもが、非常に落ち着かない生活を送ります。人間の心は、欲するものを全て得られても満足できないのです。その為に、世界中で物質的富が増大しても心は一向に落ち着きません。一層ひどくなるばかりです。

それは、物質的世界でどんなに大進歩がなされても、たやすく得られない物を欲するからです。例えば、万人が欲する平和と幸福は、金では買えません。

人間の苦悩の根本原因が落ち着かない心にあることを自覚した時に、人間は心の本性を探求し始め、心を穏やかにする方法を探すのです。心は二つのことをすることによって統御できると、パタンジャリは言うのです。一つが心を内的世界に誘うこと(*abhyāsa*)、今一つが外的世界から心を引き戻すこと(*vairāgya*)です。心を鎮静させるこの二つの方法を、これから、パタンジャリは説明していきます。

38 तत्र स्थितौ यत्नः अभ्यासः। (I-13)

tatra sthitau yatnaḥ abhyāsaḥ

その状態に心を留め置く不断の努力が内的修練である。

外的表面的生活に対比して、我々の内にはより深い、心の働くレベルよりも更に深い次元の生活があります。事実、我々が自分の身体や心を用いる一切の活動は我々が意識していない我々内部の深い次元に発するものです。我々は、心や身体が行っていることが判るだけで、それらの活動が発生する源泉については気付いておりません。序説において見たように、身体と心で起きていることは我々の内部のフィーリングによって支配されています。そうしたフィーリング自体、意識の海の深い次元に発するもので、そこでは全宇宙の一切が意識の様々な動きとして立ち現れます。その意識の海で我々のフィーリングが生まれ、思考、言葉、行動を引き起こしています。しかし、我々が意識するのは表面的次元の活動だけです。我々の存在の源泉を知る唯一の方法は、座って目を閉じて瞑想することです。我々の目が外的な事物に向かってさ迷っていると、自分の本性を知る方法がなくなります。

我々の生活は快適なフィーリングを求めて進み、不快なフィーリングは避けるという一般原則に導かれます。よく経験してきたことに興味を失うのも生命の一般原則です。かなり執拗に求めて、ようやく獲得したものに対する興味も直ぐに失われます。さらに激しい快楽、常により大きな刺激と快感を求め始めます。しかし、快適なフィーリングへの探求は混乱と抗争の人生に陥ります。そうなる訳は、快適なフィーリングなるものは、世の中を駆け回って初めてありつける、いわゆる人生のご馳走だからです。我々は自分の内に平穏で快適な状態が存在することを学ばねばなりません。外的活動の一切を中断して、世の中を駆けずり回ることを止め、内部に入って行こうと努めるならば、その状態に到達できることを知らねばなりません。欲望と渇望、抗争と挫折という表面的波動が我々の意識を汚すことのない、その深い状態において、平穏にして快適な晴朗なる意識レベルを発見するのです。心を自分の内面的意識領域へと向かわせる企てをアビヤーサ（内的修練）というのです。

39 **स तु दीर्घकाल-नैरन्तर्य-सत्कारासेवितो दृढभूमिः। (I-14)**

sa tu dīrghakāla-nairantarya-satkārāsevito dṛḍhabhūmiḥ

この内的修練は、長い間たゆむことなく真摯に実践されることで堅固に根づく。

心を内面に向けようと決意しても、最初からうまくは行きません。内的意識の中で心を安定させておくには繰り返し努力することが必要です。ここで直面する困難の主因の一つは、先ず自分の内面にあるものにあまり馴染みがないことです。公教育の課程では、時折目を閉じて内面を覗くことは決して奨励されておりません。外的世界で我々が行う全てのことは我々の内部に発するものですが、自らの生命の源泉に到り、それと馴染んでみようとする努力を我々は絶対にしません。その結果、そのような試みをしようとすると、内的世界が極めて馴染みのない、奇妙なものに見えてくるのです。馴染みがないものに普通怖くなる我々は、目を閉じて内面を覗くことに不快感を覚えてしまいます。

また、内面世界では我々は誰も皆孤独です。子供の時から我々は、他者と常に交流する活発な社会生活をすることに慣れています。朝から晩まで我々は家族の者とか同僚とか友人に囲まれています。そのことが人生を面白くさせていると同時に、我々に安心感を与えています。自分に優しくしてくれる人達に囲まれれば囲まれるほど、人は一層大きな安心感を得ます。しかし、当然、そのために人は自分一人でいられなくなってしまうのです。その結果、我々はこの世で数多くの人々と知り合いになりながら、自分自身を全く知らないままになってしまうのです。我々は見慣れぬものを恐れます。そこで我々は内に沈潜し自分とは何かを知ることを恐れてしまいます。別の言葉でいえば、自分自身を恐れたままになってしまうのです。

かつて筆者は、心の平安のために瞑想を学びたいと希望していたある若いスウェーデン女性にマントラを授け、静かな部屋で目を閉じマントラを繰り返すように言ったことがあります。暫くして、どう感じたか尋ねたのです。彼女は狼狽しきった顔つきになり、次のように答えてくれました。「マントラを繰り返えそうと目を閉じると、私には何も見えませんでした。自分自身がなくなっていくように思いました。私は大変恐くなり、マントラの代わりに自分の名前を唱え続けました」。このことは本当の自分をどんなに恐れているかを示すものです。そこで、内的状態で心を確立させていくためには、不断の修習が必要なのです。

40 दृष्टानुश्रविक-विषय-वितृष्णस्य वशीकार संज्ञा वैराग्यम्।

(I-15)

dṛṣṭānuśravika-viṣaya-vitṛṣṇasya vaśīkāra saṃjñā vairāgyam

見たり聞いたりした対象に、無欲になった人の自己統御の意識が無執着である。

葛藤を作りだす外的誘惑から心を引き戻そうと意識的に努力をして初めて我々の心は内的領域に留まるのです。これを無執着(vairāgya)と言います。心を外的な誘惑から引き離されなければ、心は内には留まりません。一方、心は内部に満足を見出すからこそ、内的領域に留まるのです。心を外的世界から引き離す無執着(*vairāgya*)と内的世界に心を向かわしめる内的修練(*abhyāsa*)とは一揃いの方法であって、二つを同時に実践しなければなりません。ギーターも詩句(6-35)でこの方法を支持しています。

我々の欲望は、日常生活の中でいつも見ていて持ちたいと思いながら、まだ持っていないものに関連しています。従って隣人が持っていたり広告されていたりするものを持ちたいと欲するのです。組織の中で誰か他の人が到達している役職に就きたいと望みます。さらに、聞いたことはあるものの未だに見たことがないというものもあります。それらのものは我々の心に大きな影響を及ぼします。例えば、特定の宗教の信徒が特定の道を歩むならば、必ず辿りつける天国と呼ばれる場所があると聞かされます。或いは特定の宗教者の信奉者になれば、一切の罪から許される可能性があると、言われることがあるかも知れません。しかし、来世の物事への欲望も緊張を作り出すのです。心の完全な平和を得るためには、心の中に如何なる欲望も持たないことが必要なのです。

41　तत्परं पुरुषख्यातेः गुणवैतृष्ण्यम्। (I-16)

tatparaṃ puruṣakhyāteḥ guṇavaitṛṣṇyamṃ.

その無執着の最高のものが、プルシャ(宇宙意識)の直接体験を経て、(プラクリティの)三つのグナから生じた如何なる欲望をも離れることである。

人間の生活は欲望の不断の流れです。欲望の対象はプラクリティの三つのグナから成り立っています。人間の感覚器官や心もエゴも同じです。この世の全ての人間は、自分の内部と外部でプラクリティの三つのグナの相互作用に応じて人生を送ります。人間自身の人格と自分の周りの世界もこれらグナから成り立っているので、これからは逃れようがありません。このグナの動きの中で、世界の多くのものを楽しみ、また心地よい体験を次から次へと絶えず求め続けて悩みます。次から次へと快楽を求め続ける過程は、当然、挫折と苦悩をもたらします。実際、人間は無意識的に、苦しみなどは微塵もない幸福な状態を常に求めています。そのような永遠の至福状態を体験するのは、自分の個別意識が宇宙意識と融合し、宇宙意識(プルシャ)を直接的に体験した後になります。その時、人間は自分の内のグナの戯れから自由になり、グナの方に引き寄せられないようになります。これが無執着の究極的状態であり、全面的自由へと人間を導いてゆくものであります。

42 **ईश्वर-प्रणिधानाद् वा। (I-23)**

īśvara-praṇidhānād vā

(心の働きの静止は)神への祈念によっても達成できる。

人生における最も重要な質問は「自分が生れた時に生れたのは誰か?」ということです。「もちろん、生れたのは私だ。他に誰がいる」という直接的な答えでは、質問に答えたことにはなりません。この世に生れ出ることに決定権を持っていた人は誰もいません。この単純な事実こそ、我々が人生と呼ぶところで顕現しているものは何か別の力であることを、我々に十分告げております。別の言葉で言うと、我々は個人として存在している、と思っておりますが、実際はそうではないのです。我々の肉体の誕生とともに、顕現しようと決めた力が、人生で起きる一切のことに関わっているに違いありません。しかし、我々はそれぞれ別個の主体であるという感じを持っているのも事実です。各人はそれぞれ、自分は他の人達とは別個であり、この世で別個の存在として生きている、と考えております。そうなるのは、我々の誕生の時に顕現した宇宙意識が、エゴ(アハンカーラ)と呼ばれる要素を介し、我々の肉体にそう思わせているからなのです。このエゴが、自分はこの世でそれぞれ個別の人生を送る別個の個人として活動し、楽しんだり苦しんだりしているという印象を我々に持たせています。外的世界にすっかり浸かったままでいられるほど、快楽的側面が勝っている限り、全てよしです。しかし、やがては、我々が時たま感じられる快楽のかけらでは、もう埋め合わせがつかなくなるような心の苦しみが強まる時節が必ずやって来るのです。

そうした転機において我々は人生の本質を探求し、そこに何が起きているのかを確かめ始めます。殆ど全ての人が人生の内面を探求するようになるのは、感覚器官や心が作り出した世界にとって何か不都合なことが起きていると判った時からです。世界における苦悩の存在とそれを除去する方法を説明する様々な学説があります。パタンジャリに従うと、そうした時節における最良の道の一つが我々の内部に既に存在している宇宙意識つまり神に身を任せることです。我々の人生を始めたのが神であり、人生が何処に向かうのか、その目標地点に到達する最良の道は何か、と言うことは神だけが知っているからです。人間の心の許容度には限界があるために、我々の個人的な精神的努力では、この目標地点にまで我々を導いてはゆけないのです。全面的に無条件で神に降服することで我々は自らの存在の源泉に到達できるのです。これは我々の心を穏やかにしてくれます、その訳は、我々が自ら見付ける最良の案内人によって導かれることになるからです。

神への降服が決して敗北者的思考法の印でないことをここで確認しておきましょう。むしろそれは、人間の知性とそれを通じて獲得する知識に限界があることを率直に認識することです。この限界を超えたところで、より高次の源泉からの助力を仰がねばなりません。この意味で、神への祈念とは我々の存在の源泉に行くことになります。我々は自分の本性、我々が直面している問題の原因、我々の窮地からの脱出方法をそこで始めて見出しうる可能性があるのです。我々が自らを神に任せてしまう時に、神の光と力が我々の内に浸透し、我々の思考と行動を誘導して、我々が正しい道を歩んで行く力を付与してくれるのです。

43 **क्लेश-कर्म-विपाकाशयैः अपरामृष्टः पुरुष-विशेषः ईश्वरः।**

(I-24)

kleśa-karma-vipākāśayaiḥ aparāmṛṣṭaḥ puruṣa-viśeṣaḥ īśvaraḥ.

苦悩と行為、行為の結果及びそれらの如何なる微細な印象によっても動揺することのない特別な意識が神である。

太古の昔から、「個人の魂と神との間には基本的な相違なし」というのがインドにおける精神的思想の基本原則でした。リグ・ヴェーダの美しい比喩では、人間の魂と神は同じ一つの樹木に友達同士として暮す二羽の美しい小鳥に喩えられてきました。その違いは、一羽の小鳥(個人の魂)は美味しそうに木の実を食べるのに対し、他方の小鳥(神)は木の実を食べず、そこで起きていることをただ眺めるだけです。個人の魂と神の類似性は名称の由来からも伺えます。魂がアートマン(*ātman*)で、神は最高のアートマン即ちパラマートマン(*Paramātman*)なのです。

人間の精髄は外から見える肉体ではありません。さまざまな思考作用をする心でもありません。人間存在の真髄は人間の内部にある意識です。この意識は個人のフィーリングや思考に反映しています。肉体に封じ込められているこの個人意識は自ずから個人の肉体、感覚器官、心の観点から世界を眺めます。こうした制約的構造があるため、各人は無知にまみれた生活を送りながら、自らの欲求達成に努め、さまざまな行為の結果を蓄積してゆき、それが又精妙な形で各人の将来に続いていきます。これが個人意識の典型的な性質なのです。

さて、神を知ることを目論んで、人間は当然のこととして自分の感覚器官や心を通して神を知ろうと努めます。しかし、そのような知識は教育や宗教等によって条件付けられた個人の心の動き方に依存しているので、神について歪曲したイメージをもたらすだけです。パタンジャリによれば、我々は自分の内部で直接神を知ることが出来るのです。それには個人化された意識の制約を超越した意識状態に到達すればよいのです。パタンジャリに従えば、神とは人間から全く切り離された別個の存在ではありません。もし神がそうだったとしたら、我々は決して神を知りえないでしょう。しかし、我々は直接自分の中に神を知ることが出来るのです。そのために、我々の意識は思考の結果(*karma*)から自由でなくてはなりません。我々の心と脳が十分鎮静化すると、何かを目指す個人的な努力とか個人的レベルの満たすべき欲求が失せて、その時に我々は静かな超越した意識状態にいることになり(前述したリグ・ヴェーダの喩えの如く)、我々は神のごく近くにいることになります。

44 तत्र निरतिशयं सर्वज्ञबीजम्। (I-25)

tatra niratiśayaṃ sarvajñabījam

神の下には、至高の全知の種子がある。

人間には世の中の全てを知ろうとする自然的欲求があります。科学時代の到来以前、人間は哲学と宗教を通じて世界の神秘を究明しようと試みました。現代に至って科学の分野で為された偉大な進歩は、知識の地平を拡大しようとする人間のたゆみない努力を証明するものです。しかし、知識の探求に限界はあるのでしょうか？確かにあります。しかも、知識の道具の本性そのものよって、その限界は課せられています。人間が知識獲得のために使用する道具は、心と言語と思考です。しかし、人間の認知作用の道具自体、自然の産物です。人間は顕微鏡や望遠鏡や計算機を変化させ、改良することはできますが、人間の心の限界は絶えず付きまとっています。ノーベル物理学賞の受賞者エルヴィン・シュレーディンガーがこれにつき明確に次のように言明しました。「論理的思考を通じて現象の基礎を把握することは、あらゆる可能性を考慮しても、まず不可能であろう。その理由は論理的思考自体が現象の部分であり、その中に思考も全面的に包含されているからだ」。思考を通じて宇宙の究極的実在を知ろうとすることは、大海の一波が大海の他の波を研究して、大海の実在を知ろうとする試みるようなものです。興味ある演習ですが、決して究極的真理には到達できません。

宇宙と人間の究極的真理を知るために、人間は心と個別意識の限界を超越しなくてはなりません。心の働きを通じて実在を知ろうと務める限り、人間はその真理の一部を垣間見るだけにおわります。真理全体は決して把握できません。パタンジャリに従えば、全知全能の種子を宿す神に、その鍵はあります。人間の個別意識を神と融合することによって、始めて宇宙と人間の究極的実在を知る可能性が人間の前に開くのです。

45 स पूर्वेषाम् अपि गुरुः कालेन अनवच्छेदात्। (I-26)

pūrveṣām api guruḥ, kālena anavacchedāt

神は古代の人々にとってもグル（師匠）である。なぜなら、神は時間によって制約されないからである。

我々は、外的世界の物事を自分で発見しますし、また教育を通じて教師や書物、研究所等の助けをかりて、多くの事柄を学習します。また成長するにつれて、他の様々な人間や社会や思想について意見や感情を育てます。しかし、これらは全て我々の肉体や心や社会が作り出した世界に関わるものばかりです。こうした心を媒介とする交流過程からは、究極的実在についての知識は得られません。このようなことになる単純な理由は、我々がこの世で獲得する知識が全て言葉を介するものだからです。しかし、究極的実在の知識は言葉では表現できません。それは直接的内的な経験を通じてしか獲得できないものです。そこでサーダナ（精神的な探求）では通常、そうした経験のあるグル（師匠）が必要なのです。グルがついていてくれるからこそ、求道者は究極の精神的成就が可能だと感じられるのです。

難しい問題が起こるのは、あるグルが自分だけが真理を知っており、その真理の知識を与えられるのは自分だけだ、と主張する場合です。これは明らかに幻想です。その知識を誰か他の人間に授けられる人間など、一人もおりません。各人が自らそれを獲得しなければならないのです。グルは、精々、精神的目標とそれに至る道を一般的な仕方で指示するだけです。精神的旅路では、求道者自身が自ら歩んで行くほかないのです。ある人格的グルへの盲従は、弟子にとって破滅的なことになりうるのです。そこでパタンジャリは、我々全てにとっての究極的なグルは神である、と言ったのです。神を通じて、古代の求道者も精神的な知識を獲得しました。我々も同じようにしなければなりません。真理を知るためには、神だけに頼るべきなのです。このことは人格的グルやその教えの助けを借りてはならないというわけではありません。その様な助力は、少なくとも最初の段階では必要かもしれません。しかし、盲目的に彼等に頼ってしまうことは、我々の精神的進歩にとって好ましいことではないのです。

46 **तस्य वाचकः प्रणवः। (I-27)**

tasya vācakaḥ praṇavaḥ

聖音オームは神を表す言葉である。

47 **तज्जपः तदर्थ-भावनम्। (I-28)**

tajjapaḥ, tadarthabhāvanam

オームを繰り返し、その意味を瞑想すること(が神を知る方法である)。

生れてから甘いものを一度も味わったことのない人間に、甘いという言葉の意味を分らせるにはどうすればよいでしょうか。多分、砂糖の塊のような甘いものを彼の舌の上に置いてみて、そしてその時に彼が感じる感覚が、甘いという言葉の意味だと教えるでしょう。言葉で幾ら説明しても本を読んだりしても、甘いと言う単語の意味を知ることは出来ません。言葉の意味とは別の言葉に置き換えるということではありません。単語の意味とは、その単語を聞いた時に、自分の内に湧いてくるフィーリングのことなのです。神には幾つもの名前があるかもしれません、神について多くの本を書いたり読んだり、神について論議をいろいろ重ねることもいいでしょう。しかし、それらを全部やってみたところで、神の本性が分るわけではありません。言葉は全てその言葉を使う人間の神についての観念を表しているに過ぎません。神を知るためには神そのものを自分で体験しなければなりません。それ以外に神を知る方法はありません。では神を体験するにはどうすればよいのでしょうか。

パタンジャリは前述したように「神とは、我々の心が生みだす不完全な代物、欲望や行動やそれらの果実、心の抱える微妙な印象などを超越した特殊な意識である」と、言うのです。つまり、神を知るには、心の作用を超越した、心が完全に鎮静化したある意識状態に到達しなければなりません。オームを詠唱することは、心を鎮めるのに役立ち、静寂でイメージも言葉も出てこない意識状態に到達する為に効果的な方法なのです。

通常、我々は自分の思念を統御出来ません。その理由は、言語が脳内で常に湧き続け、思念が次から次へと続いて行くからです。こうした脳活動の流れの中で、思念の大部分は、相互に何の関係もなく矛盾しあっている場合が多いのです。そこで我々の脳は殆ど常に混乱と緊張に満ちています。そうした状況の中で、思考過程を統御する最良の方法は言語に使われている頭脳エネルギーを緊張増大ではなく緊張低減への過程に転換していくことです。オームマントラを詠唱することは頭脳と心を静かにさせる最良の方法です。このマントラは宇宙意識のシンボルであり、言葉で説明できるような意味がありません。オームの音節は、音声が始まる声帯構造の最奥部分で発せられる【O】と言う母音と、音声が文字通り終わる閉じた唇で発音される【M】という子音から成り立っています。このマントラ自体が、言語の範疇になくても、その中には言語の全てが包含されているのです。

この効果を体験するには、静かな場所で楽な姿勢で目を閉じて座ります。深く息を吸い込み、息を出しながら、長い O と言う音を発し、音声振動部位を前に移動させ、M の音で終わります。OM の発声には一回 10 秒から 20 秒かけます。OM の震動が頭脳内に全て吸収されるようにします。この過程を鎮静効果が感じられるまで数回繰り返します。間に、数分間の沈黙瞑想を置くと、詠唱の効果の吸収に役立ちます。詠唱と沈黙瞑想の過程を繰り返す内に、効果が深まっていきます。

話す、考えるというエネルギーは頭脳内で生じます。このエネルギーに歯止めがかからなくなると、我々つも話したり、考えたりするようになります。それが混乱と緊張を作り出します。OM の詠唱をすると言葉や思考を生み出していたのと同じ脳内エネルギーが口腔と鼻腔の中で振動します。音声波動は外部には出て行かずに、振動源である脳内にまた戻ります。OM にはイメージも意味も付随していないので、それを詠唱しても思考を発生させません。しかも、それが無秩序な思考や緊張を作りだしたりする通常、言語を発生させる脳内エネルギーを消費してしまいます。すると、OM を詠唱するうちに、脳内に極めて強い鎮静化作用が起こります。言葉とかイメージという形で緊張を作り出すエネルギー余剰が脳内になくなるので、脳はますます静かになるのが、誰にも直ぐ分って来ます。

（OM は a、u、m という三音節から成り立っており、それぞれ、創造、維持、破壊という神の力を表示しているとする説明があることは承知しております。OM は、言葉で説明できる意味のある他のマントラと異なっていると感じられます。OM は、脳を平静、静寂な状態にする過程を示しています。もし、OM を詠唱しながら何か言語的意味などを考え続けると、一つの考えが別の考えを呼び起こし、そこから解放されようとしている思考過程に我々は再び捉えられてしまいます。OM の意味は何の形も属性もない宇宙意識即ち神そのものと我々は考えています。OM の実際的詠唱はその意義の実現、即ち言葉もイメージも伴わない意識状態たる神を実現するのに役立ちます。それで、我々としては、何らの言語的意味を付け加えずに OM を詠唱すべきであると感じています。）

48 ततः प्रत्यक् चेतनाधिगमः, अप्यन्तरायाभावश्च। (I-29)

tataḥ pratyak-cetanādhigamaḥ-apyantarāyābhavaśca

そこで人は内的自我の意識に到達し、（ヨーガの道での）障害も無くなる。

心がこうして鎮まると、人は内なる自己を知りはじめます。それ以前、人は心の様々な活動とそれによって作られた印象にこだわります。心の鎮静化に伴い、初めて我々は自らの内なる真の本性を垣間見れるようになります。内なる自己が見えてくると、ヨーガの道の障害が消えはじめます。自らの真我が分からない限り、様々な形の疑惑や困難が心の中に立ち現われます。しかし、内なる自己が見えてくると、一切の疑惑と困難がなくなり、明瞭で平穏な確信が現れて来ます。

ここで、パタンジャリは、ヨーガの道の主要な障害を幾つか指摘します。

49 **व्याधि-स्त्यान-संशय-प्रमाद-आलस्याविरति-**
भ्रान्तिदर्शन-अलब्धभूमिकत्व-अनवस्थितत्वानि
चित्तविक्षेपास्तेऽन्तरायाः। (I-30)

vyādhi-styāna-saṃśaya-pramāda-ālasyāvirati-bhrāntidarśana-alabdhabhūmikatva-anavasthitatvāni cittavikṣepāḥ, te antarāyāḥ

病気、無気力、疑惑、不注意、怠惰、渇望、誤認、ゆるぎない基盤の未発見、移り気、これらが心の散乱の種であり、（ヨーガの道の）障害である。

自己実現の道は直線でも平坦でもありません。パタンジャリが上述したような困難や落し穴が沢山存在します。どの求道者も求道の道すがらそうした障害に直面します。しかも、それらは予見しえないのです。全く予期してない時に障害は発生し、奇妙な仕方で現れることがあります。しかし、誰も免れることは出来ないのです。途中でそうした障害が発生しても落胆するには及びません。ただ、それを理解し、忍耐強く冷静に障害物からの脱出口を探すべきなのです。

50 **दुःख-दौर्मनस्यांगमेजयत्व-श्वास-प्रश्वासा विक्षेप-सहभुवः।**
(I-31)

duḥkha-daurmanasyāṅgamejayatva-śvāsa-praśvāsāḥ vikṣkepa-sahabhuvaḥ

苦痛、錯乱、身体の震え、荒い吸気と呼気、これらが（ヨーガの道の）障害であり心の錯乱を伴う。

精神的求道の上で現れる障害は心身に副作用を併発させます。精神的求道は非常に孤独な道です。各人ともただ一人で歩まねばなりません。精神的肉体的な困難に直面することなくして目標に到達することはできません。誰かが述べたように「唯一の脱出法は通り抜け」です。これらの困難を耐えながら精神的探求を続けるべきなのです。トンネルの終りにはいつも光明があります。

51　तत्प्रतिषेधार्थम् एकतत्त्वाभ्यासः। (I-32)

tat-pratiṣedhārtham eka-tattvābhyāsaḥ

これら障害克服のため、一つの究極真理に精神集中を繰返すべきである。

ヨーガの道で経験する障害は一つの方法で効果的に対処できます。即ち自らの本性実現という目標に逸れずに一路邁進し続けることです。自らの心身の困難に対する外的援助はつかの間の気休めに過ぎません。究極目標を達成するまで障害は後から後から現れるでしょう。そこで、最初から究極目標、宇宙と人生の一つの根元的な精神的原理の実現に的を絞って注意を集中することが必要です。その他の人生目標を立てたところで一時的満足をもたらすだけなので、それらは心の苦悩を永続的に除去することは出来ません。

52　मैत्री-करुणा-मुदितोपेक्षाणां सुख-दुःख-पुण्यापुण्य-विषयाणां भावनातः चित्त-प्रसादनम्। (I-33)

maitrī-karuṇā-muditopekṣāṇāṃ sukha-duḥkha-puṇyāpuṇya-viṣayāṇāṃ bhāvanātaḥ citta-prasādanaṃ

心の清澄さは、(i)幸福な者への友情、(ii)不幸な者への同情、(iii)有徳な者への喜悦、(iv)不徳な者への無関心という態度を培うことで達成される。

心の動きはエゴによって導かれます。我々の他者との関係は、他者が我々のエゴに及ぼす影響の仕方によって定まります。エゴには他のエゴと競争しようとする自然的傾向があります。それで自分よりも幸福な人を見ると、我々は嫉妬心を持ち始めます。もし敵が不幸であるように見えると、我々は満足感を覚えます。自分にはない徳目を持っている人に出会うと、我々は不愉快になります。悪人を見ると、我々は喜んで他の人に彼の過ちを吹聴してまわります。これが人間の心の一般的傾向です。しかし、この傾向は、我々の内部にも社会一般にも常に、抗争を作りだします。我々の心が、世界の誰かに対して嫉妬や憎悪といった否定的な感情を持つ限り、我々の心は決して平静にはなれません。

そこでパタンジャリは、我々が人生の中で出会う四種類の人間に対し、それとは反対の態度を自分の中に意識的に育むように忠告します。(1)幸福な人間を見たら、嫉妬心を抱かずに彼に対し友情を抱くこと。(2)不幸な人を見たら、彼を避けることなく、彼に対し同情心を抱き、彼を助けようとすること。(3)高潔な人を見たら、彼の短所を見つけようとせずに、彼に対し喜悦の心を抱くこと。(4)誰かの中に邪悪なところを見つけたら、好ましからざる方法に同調せずそれを無視すること。

これは別に、世の中に対し無関心になれとか、他者の悪を取り除こうとするな、という意味ではありません。しかし、そうする前に、我々の心は完全に平穏になっているべきなのです。自分の心中から悪を除去しない限り、他者の悪を除去できません。意識的に様々な人間に対し、これら四つの態度を実践していくことにより、我々は自分の心を清朗にしてゆけるのです。これらの態度の涵養はより良き社会を作ることに役立つでしょう。今日、我々の関係の大部分は、自分達の相互関係を狭めるような利己的関心に基づいています。厳しい生存競争の中で、他者が自分より先んじることがないように暗々裏に監視しあうような、一種の相互不信の傾向が内在しています。もし我々が他者の幸福を幸福と感じるようなるならば、我々はもっと他者と協力し合い、常に競争し合うよりはむしろ喜んで助け合うような生活を送れるはずです。明朗にしてことさら介入しない責任ある態度こそがヨーガの道において進歩をもたらす確かな方法です。

53 **प्रच्छर्दन-विधारणाभ्यां वा प्राणस्य। (I-34)**

pracchardana-vidhāraṇābhyāṃ vā prāṇasya

息を吐いたり保持したりすることでも心を鎮めることが出来る。

肉体と心は二つの別個の実体ではありません。両者は一つの総合的なシステムを構成しています。肉体に起こることは、心に影響を及ぼしますが、その逆もいえます。積極的な態度や沈着な心はしばしば、肉体の病を治したり、肉体の健康維持に役立ちます。またその逆もあります。心がいらだつ時など、ある種の身体活動が心の鎮静化に役立ちます。呼吸は無意識的に続けられている身体的機能です。しかし、驚くべきことに、呼吸はかなりの程度意志で統御可能な身体的機能です。我々は息を吸ったり吐いたりする時間を長くしたり、肺の中に息を溜めたまま、あるいは吐いたままで、呼吸を止めることも出来ます。いわゆる、プラーナーヤーマの実習は脳への酸素の供給を増大させます。心は脳の中で動くので、脳の平静状態が心を平穏にするのに役立ちます。これは誰でも規則正しく実習してみれば自分で実証出来ます。

もちろん、怒り狂っている当の人間に、その場で呼吸法をやらせることはできません。しかし、自分の生活の中でゆっくり実習することは可能です。心が鎮まらず、心配事やいらいらが重なったら、数分でも呼吸法を実習してみると、心は落ち着き、すっきりして来るものです。行動している最中でも数回深呼吸するのはよいことです。後で触れますが、パタンジャリは自分のヨーガ・システムの通常実習項目の中に、呼吸法を組み入れております。

54 **विषयवती वा प्रवृत्तिः उत्पन्ना मनसः स्थिति-निबन्धनी।**

(I-35)

viṣayavatī vā pravṛttiḥ utpannā manasaḥ sthiti-nibandhanī

あるいは、ある感覚対象に集中し続けることによっても、心を清澄にしておける

心は感覚器官に連動して動きます。実際、心は知覚器官と行動器官との間に介在する微粒子の仲介器官と看做されています。心の自然な役割は感覚器官を通じて情報を収集し、頭脳で処理して、行動を行う筋肉に指示を与えることです(序説参照)。微粒子なので、心は一時に一つの感覚器官とのみ連結します。心と結びついている感覚器官だけが作動状態になります。落ち着きのない興奮状態の心は長時間一つの感覚器官だけに結び付いた状態にはなれず、理路整然とした状態で思考作用を遂行することも出来ません。しかし、落ち着きのない心も興味を何かに集中させておくと、平静になります。泣き叫ぶ子供に何か面白そうな玩具や飴玉を与えておくと、大体落ち着いてきます。心が没頭できるようなある活動に従事させておくと我々の心も鎮まるのです。ルードヴィッヒ・ヴィトゲンシュタインは前世紀、ヨーロッパ最高の哲学者としての名声を馳せていた頃、心の平静を得るため時折、庭師になりました。彼はその時、哲学の世界から全く絶縁していました。我々も心を機能させる効果があって、考え事が止めどなく進行しないように歯止めがかけられる、ある種の感覚修練法を涵養すべきなのです。心を落ち着かせる音楽に耳を傾けるのもいいでしょう。心が立ち騒いで混乱してきたなら、自分の好きな身体活動に没頭するのも良い考えです。近くの自然の中で長時間散歩するのもそうした活動になるでしょう。

55 विशोका वा ज्योतिष्मती। (I-36)

viśokā vā jyotiṣmatī

あるいは、悲哀を超えた光に満ちた心の状態(も、心を清澄に保つのに役立つ)。

心はいつもせわしく動いたり、混乱しているわけではありません。自分や世界に対しても穏やかにしていられる時があります。誰にもあるその様な時、短時間しか続かないかもしれませんが、思いがけなく自分の内心が平和と光に満ちていると感じます。その時は、世界にも自分にも悪いことは何もないように見えます。内的修練(*sādhanā*)を続けると、そうした状態をより頻繁に経験するようになるでしょう。外的状況もそうした状態の誘因になります。早朝は決まって平和な気持ちでいられます。古代インド人は、地平線に光がみえはじめる早暁を、ブラフマンの時（*brāhma-muhūrta*）と名付けています。その時間には人間は自分が宇宙意識と一体化していると感じやすくなります。そうした状態は瞑想の時にも訪れます。美しい景色を眺めた時、心に染み入るような音楽に耳を傾ける時、我々は、混乱、苦痛、暗黒を超越し、同じように平静な意識状態を感じます。

56 वीत-राग-विषयं वा चित्तम्। (I-37)

vīta-rāga-viṣayṃ vā cittaṃ

あるいは、愛着の対象から離れた心も平穏になる。

様々な人はそれぞれ異なる心を持って生まれます。世俗的対象に非常に強い執着を持っている人の場合は、対象に対する欲望を満たすために何処までも活動します。彼等は他の人々と競いあい争いあって、自分の欲望を満足させるために抗争に明け暮れます。名声欲のないような抽象的欲望のある人も欲望達成に努力しますが、その闘争は表立ってはおりません。外見的には平静をよそおうことができますが、内心では対象獲得に汲々としています。心が落ち着かない主たる原因は、自分に平和と幸福をもたらすと思われるものをあれこれ常に求め続けているからです。しかし、簡単に求められるものではありません。欲望の対象を手にすると直ぐに別の対象を追い駆けるからです。こうしていつまでもその心の緊張と苛立ち状態は続いてゆきます。

人間にとりある種の欲望はきわめて自然なものです。我々誰もが食べ物、衣服、住居、それに一緒に居ると快適になれる幾人かの友人や好意を持つ人々を必要とします。しかし、感覚的欲望の満足に執念し過ぎるようになると、心に愛着が生れます。我々のエゴが欲望充足に強く巻き込まれるとその傾向は極めて切迫したもになります。自分の欲望は特定の形で達成されねばならないと言い続ければ、必ず欲求不満に陥ります。何故なら特定対象に対する欲望の全てが必ずしも充足されるわけではないからです。こうした愛着は、心に落ち着きなさを産み出します。これに関連しギーター(2-70)は次のように歌います。「絶えず流れ込む水を平然と受け入れて、しかも動ぜざる海の如くに、欲望を迎え入れる人は平穏を得る。欲望充足に汲々たる人には安らぎなし」と。感覚的対象への欲望から自由であることは、心を平穏に保つ上で大いに役立ちます。

57 स्वप्न-निद्रा-ज्ञानालंबनं वा। (I-38)

svapna-nidrā-jñānālambanaṃ vā

あるいは、夢と睡眠の知識を拠り所にしても(心は平穏になる)。

インドの伝統は、人間に覚醒状態、夢見状態、熟睡状態、超越状態という四つの存在状態を認めます。パタンジャリは夢見状態を夢〈*svapna*〉、熟睡状態を睡眠〈*nidrā*〉と呼びます。 我々が現実世界とかその中で人生と呼ぶものは、存在の覚醒状態に閉じ込められています。しかし、人間の他の三つの存在状態も、覚醒状態と同じく現実なのです。夢を見ている時、我々は偽りの世界で暮しているとは感じません。その時はそれが我々の現実世界なのです。実際、誰も毎晩、6〜7時間夢を見ています。その他の1時間から1時間半、我々は熟睡します。夢見状態でも我々は見慣れた人や物の間を動き回りますが、その相互関係は全く支離滅裂です。夢の中の出来事には因果関係が殆どなく、覚醒生活の時空概念はそこでは適用不能です。それでも出来事は進行し、我々はそこに参加しながら、全くコントロールできません。

とはいえ、夢はかなりはっきりした世界で、我々の日常生活とある仕方で繋がっているように見えます。時には、夢の意味を、あるかないかはさて置き、ある心理学的理論に基づき、読み取ろうとします。覚醒生活の中で我々は一切の出来事の原因を探ろうとしますが、その習慣が夢に援用され、同じように因果関係を突き止めようとするのです。そうした理論を論証したり反論したりはできません。そうした理論が一般に受け入れられるのは、生活の中で、それまで自由に論議できないできた物事に対する好奇心を満足させるからです。

パタンジャリが意図していることは、夢見や熟睡からそうした知識を引き出すことではありません。彼が我々に伝えようとしていることは、生きている間の三分の一を過ごしている我々の存在状態にも着目すべきだ、ということです。我々の生活に極端に論理的関係ばかり求め過ぎてはいけないのです。我々の人生は一直線に流れるとはかぎりません。我々の生活は合理的知性の理解を超えた極めて深い次元で多面的に全宇宙と関連しあっています。序説の冒頭で、自分とは一体誰なのかを知るために、我々の心の働きを静止させるように要請するのもそのためです。我々が覚醒生活と呼んでいるものも我々の夢見状態と実はあまり異ならないという事実をとくと考えれば、我々の心の働きを理解し、心を平静にならしめるうえで大いに役立つことでしょう。

58　यथाभिमत ध्यानाद् वा। (I-39)

yathābhimata-dhyānād vā

あるいは、好ましいものへの瞑想によっても(心は平穏になる)。

心を無理やりに鎮めようとしても無駄です。懸命の努力が失敗に終わるのは、この場合、心自体が心を統御しようとしているからです。これは論理的にも不可能です。心を緊張させるだけです。心を平穏にさせるためには、心の動き方の特性を理解し、その特性を利用して、心を統御すればよいのです。本性からして、心は満足を与えてくれそうな対象に向かって動いて行きます。パタンジャリは心のこの傾向を利用すれば、心を平穏に出来ると言います。心が楽しいと思えるものに心を集中してみましょう。そこで、心が苛立って落着かないとき、心が楽しくなるようなものに心を向けることは良い考えです。これは一時的方策ではあっても、ある状況下では効果的かもしれません。

意識的に心の欲するものに心を向けても、心は短時間で飽きてしまします。しかし、この練習を意識的に行うと、心の働き方を観察することが出来ます。この練習は、心が欲望対象を盲目的に追求するのとは完全に異なります。まず心に満足できそうなものを提示してみて、それに心がどう反応するかを観察するのです。この観察では超然と瞑想する能力そのものが発展し、そのことがまた心を平穏になるのを助長してくれるかもしれません。

パタンジャリは1章34節から39節では *vā* と言う語を使用しています。*vā* は又は、という二者択一を意味する言葉です。これにより彼は、心を平穏にするには様々な手法があり、各自の性質に従い、その中のあるものを使えばよいと言っているのです。また同じ人でも同じ手法をある時は使い、別の時は使わなくてよいのです。この点では、各人は自分の仕方で方法を見つけるべきなのです。究極の目的は、各人が揺れ動く精神状態に狼狽しないような晴朗な意識状態に到達することです。

59 **योगांगानुष्ठानाद् अशुद्धिक्षये ज्ञानदीप्तिः आविवेकख्यातेः।**

(II-28)

yogāṅgānuṣṭhānād aśuddhi-kṣaye jñānadīptiḥ āviveka-khyāteḥ

ヨーガ八部門の実践を通じて不浄が除滅されていくと、知識の光が灯り始め、最後には識別智にまで至る。

ヨーガの最終目的は人間の真我覚知に資することです。目的に達しないうちは、人間は、感覚器官や心の働きで自分の個別意識に作り出される印象を自分そのものと同一視しています。我々が自分自身についていだくイメージは全て感覚器官と心の産物です。そして我々の感覚器官と心が創り出すものは自然の中で起きていることと不可分の部分です。我々が自分の心の働きを統御出来ないところを見ると、当然の帰結としていえるのは、何か別の力が心を統御しているということです。心による思考作用は社会の言語と伝統により、強く条件付けられます。我々の好悪感、価値判断、宗教への盲信、これら全ては我々が育った社会により深く条件付けられています。そこで我々が社会と呼ぶものは心も生活自体も統御できない個々人が作り出してきたものです。つまり全世界は意識がごく部分的にしか反映されていない強制力により統御されています。その他は無意識的な力により統御されてきました。ギーターがしばしば述べているように、我々の周囲で起きていることは、プラクリティの戯れ以外の何物でもないのです。

多くの人間は一生、プラクリティの戯れに呑み込まれたままです。彼等は人生を楽しむために、出来るだけ多くの物質や人生を楽しむ力を獲得したいと望みます。しかし、プラクリティの戯れを徹底的に見尽くした人間の中に、プラクリティの束縛から自由になりたいという願望が芽生えます。プラクリティの働きに影響されている限り、我々に自由はありません。我々は常にプラクリティのグナに影響されています。この束縛下でも、人生を楽しみたいという願望は多くの人にとって極めて自然ですが、他方自由への願望を切実かつ強烈に抱く人もいるのです。後者のタイプの人間に対し、パタンジャリは様々なヨーガの実践を提案しています。ヨーガの実践は人間の不浄を取り除くのに役立つと同時に、内的光明への段階的達成を通じて、プルシャとプラクリティの最終的識別へと人間を導いていきます。人間の中の意識がプルシャであり、その外貌を構成する物質的資質がプラクリティです。

60 **यम-नियमासन-प्राणायाम-प्रत्याहार-धारणा-ध्यान- समाधयः अष्टौ अंगानि।** (II-29)

yama-niyamāsana-prāṇāyāma-pratyāhāra-dhāraṇā-dhyāna-samādhayaḥ aṣṭau aṅgāni

ヨーガ八部門とは（i）ヤマ（一般的戒律）（ii）ニヤマ（個人的戒律）（iii）ア

ーサナ(坐法) (iv)プラーナーヤーマ(調気) (v)プラティヤーハーラ (感覚を対象から引き戻すこと)(vi)ダーラナー(精神集中)(vii)ディヤーナ(瞑想)(viii)サマーディ(三昧ー最終的なプルシャへの没入)である。

パタンジャリは、これらヨーガ八部門を以下のスートラで一つ一つ定義してゆきます。

61 अहिंसा-सत्यास्तेय-ब्रह्मचर्यापरिग्रहा यमाः। (II-30)

ahiṃsā-satyāsteya-brahmacaryāparigrahā yamāḥ

ヤマとは(i)アヒンサー(非暴力)(ii)サティヤ(正直) (iii)アステーヤ(盗まないこと)(iv)ブラフマチャルヤ(宇宙意識の生活)(v)アパリグラハ(非所有) である。

62 जाति-देश-काल-समयानवच्छिन्नाः सार्वभौमा महाव्रतम्। (II-31)

jāti-deśa-kāla-samayānavacchinnāḥ
sārvabhaumāmahāvratāḥ

ヤマ(一般的戒律)は、出自、場所、時代、時間に制約されず、普遍的に適用されるので、大いなる誓いといわれる。

一般的戒律として、パタンジャリにより提起されたヤマの 5 原則を受け入れることに、大概の人々は異を唱えないでしょう。暴力を振るわない、嘘をつかない、盗みをしない等々のことは容易に受け入れられるでしょう。ただ、これらの原則を一般的に適用するには難しさがあるようです。例えば、友人とか一般の人を傷つけてはならないと言うでしょう。しかし、我々は自分の敵や自分を傷つけようとする者達を害することがあるかもしれません。肉体的に危害を加えることは悪いが、言葉とか身振りで他人を害することに躊躇しません。同じように、嘘をつくことは悪いと言いながら、我々の産業構造を維持する、様々な虚偽広告を流し続ける大きな広告業は容認されているだけでなく、奨励されています。

心を完全に平静ならしめ純化させたいと願う者は、何人をも肉体的或いは精神的に痛めない、絶対に嘘はつかない等々の一般的原則を自分の心にしかと遵守させなければなりません。他者に危害を加えたりすると、そのことが将来、ヨーガの道における阻害要因となり、否定的印象を意識の中に残すのです。ヨーガの名目で、より大きな組織を作ろうとしたり、自分が他のグルよりもっと偉いグルであると誇示して、競争する人々は間接的に暴力行使をしていることになります。同じように、人々にヨーガの能力をことさら印象づけようとすれば、サティア（真理）からの逸脱になります。ヨーガを教えて富を蓄えることもアパリグラハ（非所有）というヨーガの基本原則の侵害になります。

63　**शौच-संतोष-तपः-स्वाध्यायेश्वर-प्रणिधानानि नियमाः।** (II-32)

śauca-saṃtoṣa-tapaḥ-svādhyāyeśvara-praṇidhānāni niyamāḥ

ニヤマ（個人に向けた戒律）とは(i)シャウチャ（清浄）(ii)サントーシャ（知足）(iii)タパス（苦行）(iv)スヴァディヤーヤ（自己学習）(v)イーシュヴァラ・プラニダーナ（神への放棄）である。

ヤマとニヤマの主要な相違は、ヤマが社会で暮らす万人向けの普遍的な適用原則だと言うことです。例えば、他者を傷つけるなかれ*ahiṃsā*、真実を話せ*satya*、盗むなかれ*asteya*、生きとし生けるもの皆ブラフマンに住すと観ずべし*brahmacarya*、所有亡者たるなかれ*aparigraha*、こうした美徳が明らかになるのは、自分の行動を他者と関連づけた時です。しかし、もし我々が一人で生活していたらどうなるでしょう。我々は何の導きの原則も必要としないのでしょうか。パタンジャリは、ヨーガの求道者が自分一人である時も個々人の能力に応じて実践する必要のある、第二の一連の規則を提示します。まず、清潔の遵守は、一人でいる時でも必要です。自足の徳は世俗的な満足を求めてあちこちさ迷うことなく、しっかり自立することを助けます。苦行は自己統御力をつけてくれます。自己学習は自分自身と世界についての理解を深く広くするために必要です。そして、最後に、神への献身は、自己をその存在の根源と人生究極の目的地に導くことになります。

これらのヨーガの原則を実践する段階になると、我々の胸に様々な形の疑念が湧いてきて、我々を困惑させることが度々起こります。この道は我々にとって正しいものなのか？ヨーガの原則を遵守すれば、完全な人間に到達しうるのか？パタンジャリはヨーガの道におけるこれらの難しさを十分意識していました。そこで彼は次の助言を行います。

64 **वितर्क-बाधने प्रतिपक्ष-भावनम्।** (II-33)

vitarka-bādhane pratipakṣa-bhāvanam.

疑惑に襲われたら、(為すべきことは)その反対のことを考えることである。

ヨーガの道を進むうち、またヤマとニヤマというヨーガの原則に従う上で疑惑が生じてきたら、それを正反対の議論と対比して検討することです。例えば、常に真実に留まりえないと感じたならば、「真実を曲げて、他者に嘘をつき、なお心の平安を保てるか」と考えればよいのです。自分に都合がよいときだけ真実を語ろうと、万人が決めたとしたら、そうした状況のもとで世の中は平穏に進むでしょうか？アヒンサー(非暴力)の原則を相対的にして、敵は殺して味方は守るようにしたらどうなるでしょう。報復的暴力が生まれ、社会にもわれわれの心の中にも果てしなき暴力の連鎖が起こるのではないでしょうか？等々。ヨーガはチッタ・ヴリッティ・ニローダハ(心の働きの停止)を目指していますが、この目標は急いだところで到達できないのです。我々が思考と推論の線に留まる限り、あらゆる面の消極的議論は積極的な反論と対決させてみるべきなのです。

65 वितर्का हिंसादयः कृत-कारितानुमोदिता
लोभ-क्रोध-मोह-पूर्वका मृदु-मध्याधिमात्रा
दुःखाज्ञानानन्तफला इति प्रतिपक्ष-भावनम्। (II-34)

vitarkā hiṃsādayaḥ kṛta-kāritānumoditā
lobha-krodha-moha- pūrvakā mṛdu-madhyādhimātrā
duḥkhājñānānanta-phalā iti prati- pakṣa-bhāvanam

暴力などの邪悪な思い（や行為）には、自ら為したもの、他人にさせたもの、容認したものがある。それらは貪欲、怒り、迷妄に由来し、（現時点において）弱い、中位、強いがある。（そこで、これらの思いや行為は）苦悩と無知の際限なき果実をもたらすものだと、そのように反対のことを考える必要がある。

目的地に着けるのはただ一つの道しかない、ということが分かったならば、その道がどんなに難しく、目的達成までどんなに長い時間がかかろうとも、我々の所願の目標に導くその他の道が無い、という単純な理由により、我々はこの唯一の道を結局進むほかありません。別の道がどんなに快適で魅力的であったとしても、目的地へ繋がっていなければ、それらの道は我々には無意味であり、危険でさえあります。はるか昔、ヴェーダの求道者は、究極の真理を発見し、その真理を知ることによってのみ不死を達成しうる、と悟った時、宣言しました。

nānyaḥ panthā vidyate ayanāya—「前進すべき他の道なし」。

彼の言い方は非常に断定的で、実際、目的地に到達し、辿るべき一切の道を知った時に始めて発しうる言葉であります。その時に彼は正しい道と間違った道とを区別しうるのです。

ヤマとニヤマの原則は我々にとりあまり魅力的ではないかもしれません。非暴力、正直、非所有、自己統御、といったことに関心を示す人間は決して多くありません。暴力と所有、競争と欺瞞が繁栄と外面的成功と幸福な生活をもたらす近道であるかのように見えることがあります。

しかし、これは明らかに幻想です。著名な哲学者カントが述べたように、倫理の分野では、全ての人々が遵守しうるか、または遵守すべき絶対的原則を立てなくてはならないのです。一般人が暴力や所有欲や窃盗に耽っていては、我々の社会は成り立ちません。我々自身が行う悪徳だけでなく、我々が、他者に行うようにそそのかしたり、是認したりする悪徳も同様です。多くの人々は自分では殺害を犯さなくても、自国のために兵士たちが行う殺害行為は奨励します。現代商業社会の道では、窃盗や所有を奨励することは不可避的です。事態がそのように進んでいるのは、我々の貪欲に歯止めがかからなくなり、個人的ならびに社会的レベルに立っても、目標について、明白なヴィジョンが持てなくなって来ているからです。

また、我々により直接的間接的にそそのかされて為される悪行は、我々の意識面にマイナスの痕跡を残します。社会的結合と調和のためにも個人的幸福のためにも、ヤマとニヤマの原則は絶対的に必要です。

このような考え方こそ、我々がヨーガの道を歩む際、私共の心にしばしば湧いてくる疑念を心の中から除去してくれるのです。

66 अहिंसा-प्रतिष्ठायां तत्सन्निधौ वैर-त्यागः। (II-35)

ahiṃsā-pratiṣṭhāyāṃ tatsannidhau vaira-tyāgaḥ

非暴力で心がしっかり定まれば、その人の近くでは敵意が消滅する。

暴力は常に暴力を生みます。仏陀はダンマパダの中で次のように述べています。「怨みは、怨みもて終わらず。怨みなきをもってのみ、怨みは失せる。これは永遠の法則である」と。我々は、自分や周囲の者達に加えられた暴力に対し、通常、暴力で反応します。「目には目を」が通常の決まりです。これでは連鎖反応を生むことになります。もし誰かが自分に悪口を吐いた場合に、自分も悪口で言い返せば、事態を悪化させるだけです。しかし、もし挑発に直面しても、沈黙が守れるなら、相手の人間にも落着く機会が出来ます。恐らく次の機会には、我々にひどく当たるようなことはしなくなるでしょう。もし敵が我々から愛を受ければ、彼等はいつか我々に対する敵意を捨てるでしょう。

（直ぐには結果が表れないかもしれません、他の人々への理解が育つには時間がかかるからです。二人の偉大な非暴力の唱導者、イエス・キリストとマハートマ・ガンディーは暴力により倒れました。しかし、このことで、我々が非暴力の道を歩む勇気を決して損なってはおりません。平和をもたらすにはそれ以外の道がないからです。非暴力を更に実践し続けることにより、いつの日にか、必ず敵の心をつかめるものと我々は確信しています。）

また、非暴力は真理を知るために絶対不可欠なものです。これを次の節で取り上げます。我々が暴力を振るう時、我々の心は苛立ち混乱した状態で動きます。そのことは我々の周りの現実をゆがめます。暴力的人間はしばしば、危険がないところで危険を見てしまいます。心が平和と愛情で満されている時、真理の光が我々の内で照り輝き始めます。情緒的観点からも知性的観点からも非暴力の実践は益するところが多いのです。

67 **सत्य-प्रतिष्ठायां क्रिया-फलाश्रयत्वम्।** (II-36)

satya-pratiṣṭhāyāṃ kriyā-phalāśrayatvam

（ヨーガ者の中で）正直（な態度）が確立すると、彼の行為の果実は彼の拠り所となる。（彼の言行に合致した結果になる。）

我々は常に何らかの目的を胸に抱いて行動します。目的のない行動は存在しません。しかし、自分の行動が自分の欲していた結果を生み出さないことがしばしばあります。これには幾つかの理由があります。自分の行動に関与する物とか人物とか状況の性質について無知な場合があります。時には、我々は事を為しとげる自分の能力について、判断を誤ります。その時は関連分野で作用する自然法則が分かっていないのです。ということは、望む結果を得ることを妨げたものが、自分自身と他者について、我々が全く無知だったか、あるいは、誤った考え方をしていたかもしれないということを意味します。

我々の視野は自らの無知と偏見によってしばしば曇らされます。求道者は自分の行動の果実に何ら個人的関心を持ちません。彼はギーターで説かれている超越した行動という原則にしたがって行動します。そこで彼の心は常に平和です。心が平和で明晰であるため、彼は他の人の心がよりよく理解できるようになっていますし、行動の身体的部分もより巧に扱えます。ギーターは「ヨーガとは行動における熟練である」(*yogaḥ karmasu kauśalaṃ*)と定義しています。求道者は、自らのヨーガの技量を自在に使えるので、現実化できないことを言ったり計画したりすることはありません。そこで彼は、真理の単純な原則の実践を通じて、自らの行動から狙い通りの結果を生むことが出来るのです。

68 अस्तेय-प्रतिष्ठायां सर्व-रत्नोपस्थानम्। (II-37)

asteya-pratiṣṭhāyāṃ sarva-ratnopasthānam

盗まないということが確立すると、全ての宝石(価値ある物)が(ヨーガ者の前に)立ち現れる。

この世の貴重なものに人間が引きつけられるのはごく自然なことです。様々な個人や国の間には、出来るだけ多くの富を獲得しようとする激しい競争があります。この富の多くは不正と暴力に基づく手段で蓄積されたものです。人間が金持ちになるのは、多くの場合、他者の正当な分け前を取り上げるからです。その様な社会では、最も豊な人達も精神的には貧しいのです、というのは彼等は常に極めて低い精神的発展段階で暮しているからです。彼等は公正な手段であれ不正な手段であれ、より多くの物資を集めることだけに腐心しています。彼等はこの世においてより優れたものを思いつくことが出来ません。その様な社会では、人々は自分の本当の姿を常に他の人々から隠しています、彼等は他者を信じられないからです。彼等は外見的に豊かであっても、彼等は実のところ内面的には非常に貧しい生活を送っているのです。

一方、ヨーガ者は誰からも何も欲してはいません。彼を危険と思う人は誰もいません。ヨーガ者は全ての人間を自分の部分として愛します。すると人々は彼に対し心を開きます。この場合、全世界が自分の家族となり、全世界の富が自分自身のものとして眺められるようになります。何物も持たずして、ヨーガ者は地球上で最も豊かな人になります。このスートラが言及しているのは、この内面的財宝のことです。

69 ब्रह्मचर्य-प्रतिष्ठायां वीर्य-लाभः। (II-38)

brahmacarya-pratiṣṭhāyāṃ vīrya-lābhaḥ

ブラフマンに即した生活が確立すると、活力が獲得される。

ブラフマチャルヤ *brahmacarya* という語はしばしば性的節制という狭義に解釈されます。こうした解釈の混乱は、このスートラに精液と言う意味もあるヴィールヤという単語が出て来るので、なおさら増幅されます。このスートラは性交を慎めば力がつくと解釈されてしまいます。これはブラフマチャルヤ *brahmacarya* という単語を非常に狭く解釈しています。もしヴィールヤという単語が精液を意味していたら、ヨーガは男性だけに対するものとされ、女性が除外されてしまいます。我々としてはブラフマチャルヤ *brahmacarya* を、元来の意味に戻し、正しく解釈すべきでしょう。

我々のエネルギーの大部分は狭い利己的な営みの中で細分化されて、大抵いつも我々は疲れはてています。常に我々は外面的にも内面的にも抗争ばかりの生活を送ります。何故そうなるのかと言うと、我々が自分自身を他者と区別された個人で、他者と異なり、自分だけの個人的幸福を達成できると、考えるからです。全てこれは幻想です。

全世界は相互に関連し結合しあった全体です。世界の中の一切の物事はブラフマンつまり宇宙意識があるからこそ、その中で起きているのです。対立抗争のない生活を送るには、全ての物事、全ての人間がブラフマンの顕現として見られるような、より広い視野を我々は獲得しなければならないのです。こうして初めて我々は、抗争から開放され、エネルギーを温存できるようになります。この様に『ブラフマンの中で生活すること』がブラフマチャルヤ *brahmacarya*(Brahman－神，caryā－生活する)という単語の本当の意味です。無限なる者と調和して、内にも外にも抗争のない生活を送る時に、性欲を含め基本的な本能の統御が自然に可能になってくるのです。このことが個人のエネルギーを増進させます。ブラフマチャルヤに従う人間こそ洞察と活力に満ちた純粋な生活が送れるのです。

70 अपरिग्रह-स्थैर्ये जन्म-कथन्ता संबोधः। (II-39)

aparigraha-sthairye janma-kathantā-saṃbodhaḥ.

非所有が堅固に定まると、自分がどのように生れて来たのか、ということが判明する。

人間の心は本来的傾向として外向的です。この傾向は大抵、人生でさらにもっともっと所有すればするほど強まります。知識探求として出発した科学でさえ、この貪欲の奴隷になってしまいました。科学を通じて人間は物質的世界について膨大な知識を獲得してきました。しかし、自分自身のこととなると、どれほど分かっているでしょうか。自分は誰か。自分はどこから、何のためにやって来たのか。自分の究極的運命は何か。これらの諸問題は、自分の所有本能に大体動かされている外面的探求に関わりあうだけでは決して答えられません。

我々が知識欲も含め一切の所有欲から完全に超越し得た時に初めて、我々は、内面を見つめ始めようとするタイプの心を発展させられるのです。我々の生命の源泉は我々の内部に在ります。そこまで辿り着くために、我々はこの世の物質的なものの探求から視線をそらさなくてはなりません。そうしてこそ我々は、自分の真の精神的本性とその源泉、更にその進化の行く末等を発見出来るのです。

71 शौचात् स्वांग-जुगुप्सा परैः असंसर्गः। (II-40)

śaucāt svāṅga-jugupsā paraiḥ asaṃsargaḥ

(身体的)清浄の誓いから、自らの肉体と他者との接触への嫌悪感が生れる。

大概の男女は自分と肉体とを同一視しています。彼等の問題は全て生活の身体的側面に関連しています。身体的健康の維持、より多くの物質的安楽を獲得するための金儲け、懸命な生存競争の中で他者と競争し合うこと等です。彼等がこの世での自らの業績を列挙する時は、当然ながら自分が達成した具体的な利益を数え上げます。また他の人の成功もその物質的な進展の度合で計ります。これは個人についても国についても同じです。(先進国の定義の仕方を見てください。)この種の物質的関心からひとりでに様々な形の汚物がまぎれ込むのです。物質的発展には、多くの場合、嫉妬、欺瞞、搾取が含まれています。これらマイナスの感情が我々の心を汚し、我々の肉体の健康にも影響を与えています。

ヨーガでは、人間生活の真の中心は心であって肉体ではありません。我々の肉体は精神的次元において進化するための道具にすぎません。ヨーガにおける清浄の原則に従う人は、人生の物質的側面から離れて、心の発展度合によって自分の進歩の度合いを判断するようになります。他の人に対しても彼は同じような態度で臨みます。彼はその肉体がどうあるか、ではなく、その心の発展レベルで他の人々を評価します。ヨーガ者の他者との接触は内的レベルであって肉体レベルではありません。

72 **सत्त्व-शुद्धि-सौमनस्यैकाग्र्येन्द्रियजयात्म-दर्शन-योग्यत्वानि च।** (II-41)

sattva-śuddhi-saumanasyaikāgryendriyajayātma-darśana-yogyatvāni ca

(ヨーガの実修により)人間本性の清浄さ、明朗性、一点集中、感覚器官の統御、真我を見る力がもたらされる。

ヨーガの哲学ならびに一般にインドの哲学は人間の中核的本性は純粋で至福に溢れているという点を強調します。人間が人生で悩むのは、彼の意識が無知と不純なものに覆われているからです。これらのものが拭い去られると人間の底に横たわる本質的に純粋な性質が自づから輝き始めるというのです。ヨーガのサーダナー(修行)は人間にとって何か新しいものを獲得することを目指しておりません。人間の本性が輝き出せるように、人間の中の不純物をひたすら除去していくだけです。清浄化（*śauca*）の実施で、人間の内的進化という効果が現れます。最初の結果としては内的本性の清浄化があります。彼は混乱、抗争、欺瞞に満ちた外面的生活に関心を寄せなくなります。ギーター（12-15）が言うように、彼は他者と平穏に暮し、他者も彼と平穏に応対するようになります。

内的な清浄化が進むと自ずから明朗な気質が育ちます。我々が他者と競争したり、他者に対しマイナスの想念に捕われていては、本当に幸福にはなれません。非利己的人間のみが真に明朗になれます。不純な心は落ち着きのない心です。純粋な心の持主は外的な出来事に惑わされません。そうした人間に、如何なる行為を行うに際しても精神集中ができる確固たる心構えが生まれます。内的清浄化は感覚器官の統御にも役立ちます。心に多くの緊張を抱える人間は感覚的満足をいつも求め続けます。利己的人間も常に感覚的満足を追い求めます。非利己的で純真な人間にして、初めて感覚器官の統御が自ずから整うのです。

清浄化の実践を通じ最終的に実現されるのは、自らの真我を発見する能力の発現です。無知と不浄の外皮が取り除かれると、魂の自然な美しさが輝き始めるのです。

73 संतोषाद् अनुत्तमः सुखलाभः। (II-42)

saṃtoṣād anuttamaḥ sukhalābhaḥ

足るを知ることから 無上の幸福がもたらされる。

人間が外的世界に幸福を求める限り、彼は必ず次から次へと欲求不満の状態に陥ります。世界構造そのものが、人間の欲望を全て満たすようには出来ていないのです。とはいえ、人間が自分の欲望を満たそうとしてはならない、と言うことではありません。欲望は自然です。しかし、我々は欲望の全てが満たされるようにはなっていないことを経験を通して学びます。人間の欲望には際限がありません。実際、一つの欲望が満たされても、そのことが他の幾つかの欲望に火を付けてしまいます。この過程で、欲求不満が来るのは必定です。外的欲望を満たして意気揚々としている者も、自分の願望が成就されないと、結局はまた落込んでしまうのです。

海の深みのように、我々は自分の内部に深い満足を見つけなければなりません。すると様々な欲望が自分の中に入ったり出たりしても我々は惑わされません。やがて我々は皆、「自分の内部に由来する幸福だけが永続する」という人生の基本的な教えを学ばなくてはならないのです。外部にある幸福の源泉は常に自分の内部に緊張や不安を作り出します。究極的平安と幸福の源泉は我々の中にあります。我々はそれを発見し、そこに留まらなければなりません。足るを知ると実際豊かになります。偉大なヒンディー詩人カビールは次のように歌いました。「欲望去れば、憂いなし、心は全く自由なり。何物も望まぬ者は、王中の王なり。」

74 कायेन्द्रिय-सिद्धिः अशुद्धिक्षयात् तपसः। (II-43)

kāyendriya-siddhiḥ aśuddhi-kṣayāt tapasaḥ

苦行の実践と不浄の払拭から、身体と感覚器官の完成がもたらされる。

ヨーガは基本的には意識に関係しています。目指すところは一切の心の働きの停止です。しかし、我々の心や感覚器官、肉体は別々の存在ではありません。それらは相互に関連し、それぞれの作用は相互に影響しあっています。もし肉体が内部に不浄物を抱えていれば、肉体は鈍感になり、衰弱し病気になります。当然それは心の働き方にも影響します。もし肉体的苦痛に悩まされると、瞑想には入れません。同じように、我々の感覚器官がうまく機能しなければ、我々の心もそれに影響されます。例えば、もしある感覚器官が十分機能しないと、その器官の対象に心を集中させることは困難です。そこで、平穏な心の発達のためには、肉体と感覚器官の浄化がどうしても必要なのです。

肉体と感覚器官の機能不全は、通常、それらの濫用から起こります。しばしば、我々は栄養補給より味覚を重視して食物を摂取します。アルコール飲料は我々の肉体と感覚器官に害を与えます。テレビへの釘付けは、現代病みたいなものですが、視力を弱めるとともに、思考作用を鈍らせます。苦行の実践(*tapas*)は意図的に感覚的快楽への耽溺を避け、苦楽や寒暑の対立を耐えることで、肉体と感覚器官から不浄物を除去します。そこで、定期的に断食(*upavāsa*)を実践したり、感覚的快楽を断つことなどが、全ての宗教で奨励されています。そのような実践は、我々の意識を外的魅力から引き離して、内面の平穏な清朗の境地へと導くことになります。それらの不浄が除去された時、肉体と感覚器官は精神修行(*sādhanā*)の完璧な道具になるのです。

75 **स्वाध्यायाद् इष्ट-देवता-संप्रयोगः।** (II-44)

svādhyāyād iṣṭa-devatā-saṃprayogaḥ

自己学習によって、自らの守護神との結合が生じる。

*svādhyāya*という語は二つの部分から成り立っています。*sva*は自己を意味し、*adhyāya*は学習を意味します。*Svādhyāya*には自己による学習と自己についての学習という二つの意味があります。現代の学校教育は自然界の事実や社会生活の出来事について非常に表面的な情報を与えるだけです。学校教育は自己について何も教えないし、最も深いレベルの人間存在としての我々自身に関わる領域に奥深く探求していこうとする姿勢を整えるわけでもありません。このスートラにある*devatā*とは、人間的レベルを超えた存在としてのある種の神的な力を意味しています。

世界は人間を超えた力でコントロールされています。無論、最高の力はブラフマンという時間、空間と如何なる概念化をも超越した絶対神です。しかし、大概の人間にはそうした形なき神という観念は持つことが出来ません。そこで世界とその動きを説明するために、神々つまり*devatā*として知られている神業を行う能力者を考え出したのです。そこで我々は各自の内的傾向に応じて、それらの神々のいずれかに愛着するようになります。もし我々が自己学習を続けるなら、つまり学校教育を終えてからも、さらに自分自身を探求して行くなら、我々は自分の選んだ神の本当の姿が分かって来るかもしれません。

76 **समाधि-सिद्धिः ईश्वर-प्रणिधानात्।** (II-45)

samādhi-siddhiḥ īśvara-praṇidhānāt

神への祈念によって、サマーディの境地に到達する。

パタンジャリのシステムでは、ヨーガの最高目的は三昧 *samādhi*です。ヨーガの他の七部門はこれに至る準備的なものにすぎません。ここでは、パタンジャリは驚くべきことに、ニヤマの一部にすぎない神への祈念(*īśvara-praṇidhāna*)だけで、サマーディ *samādhi* に到達すると明言します。もし神への祈念というこの小さな段階に従うだけで、ヨーガの最高目的たるサマーディ *samādhi* に到達することが出来るとすれば、ヨーガの他部門を何故、我々は修練しなければならないのでしょうか。

これは、一見したほど簡単ではありません。我々は自分の個人意識の観点に立って生活しています。事実、多くの人々にとって人生唯一の目的は、自分の個人意識に湧き上る願望を充足していくことです。これらの願望が我々の心と脳に様々な動きを作り出して行きます。パタンジャリが *citta vṛttis* と名付けたものがこれです。パタンジャリはこのスートラの冒頭から、ヨーガはこれら心の作用(*citta vṛttis*)の静止を目指すと明言しました。

でも、我々の人生そのものを構成している、これらの心の働きを静止させることは容易ではありません。事実、我々は、自分の心の作用と別個のものは何も知りません。我々の全生活はこれらの作用によって構成されています。心の作用の静止は、彼等がそう理解しているように生活の停止を意味するので、多くの人々にとって自殺と同じように見えます。

しかし、もし我々が自分自身の身も心も全て神に捧げてしまうと、自分の生活を別の観点から眺めることが比較的容易になります。我々は日々の小さな闘争から離脱し始めるばかりでなく、自分の内に、別のより高い生活があることに気付くようになります。そして我々は、自分の内に起きていること全てはより高いある力の作用と考えます。自分自身をその力に完全に委ね、自分を介しその力を働かしめることによって、ようやく我々はその力を理解できるようになります。現代ではシュリ・オーロビンドが、彼の創案したインテグラル・ヨーガのシステムの中で、神への完全無条件の信伏こそがヨーガの第一段階であると強調しています。

77 स्थिर-सुखम् आसनम्। (II-46)

sthira-sukham āsanam

アーサナ(坐法)は、安定し快適で(あるべきである)。

現代においてヨーガの名前で行われているものは、アーサナ中心の肉体的側面が主になっています。しかし、このスートラが示すように、パタンジャリはアーサナを、心を平静ならしめ、瞑想に導く補助的なものとしてのみ認めています。我々の心と肉体は不可分であって、一体のシステムを構成しているからには、肉体に不均衡がある限り、心も平静ではありえません。アーサナがヨーガと不可分の要素とされているのは、主として、この肉体的な不均衡を取り除き、肉体を瞑想のための柔軟な道具として、我々の生活をヨーガの道に誘導していくためです。しかし、宗教や精神的分野でよく起こるように、システムの具体的で目に見える部分が抽象的な部分よりもずっと優勢になってしまうのです。(例えば、我々は神や女神の像を崇拝し、それが象徴する観念を忘れます。十字架や三日月が、キリスト教やイスラム教に含まれる基本的精神性以上にそびえ立つことになります)。これが今に至るヨーガの運命にもなっています。多くの人々はまだ、アーサナこそがヨーガの最も不可欠の部分で、偉大なヨーガ者とは、多くのアーサナをやって見せることの出来る人間だと考えています。これはひとえに真理の歪曲にほかなりません。

パタンジャリは人間の心を平穏にすることを目指したので、彼は瞑想で座る時、肉体から障害がないことを望んだのです。この目的のため、ヨーガの肉体的実習を通じ、安定した姿勢で一定時間快適に座っていられるように、肉体は準備しておくべきだとしたのです。肉体に不均衡があれば、心は肉体のある部分の不快感によって絶えず邪魔され、様々な仕方で心は散乱してしまいます。その様な状態では、とても心の作用を静止（*citta-vṛtti-nirodha*）させることは出来ないでしょう。つまりアーサナはヨーガの不可欠の補助手段ですが、決してヨーガの中核ではないのです。

78　प्रयत्न-शैथिल्यानन्त-समापत्तिभ्याम्। (II-47)

prayatna-śaithilyānanta-samāpattibhyām

（安定し快適なヨーガのアーサナは）努力を緩和して、無限なるものを瞑想することで達成される。

我々の心に極めて強固に付着している観念の一つは、自分こそ肉体の統御者であり、肉体の全活動の行為主体なり、ということです。ある特定の身体的技能を獲得するために、如何に頑張ったか、努力を積み重ねたか、意識的に意志を働かせたか、ということを我々はすぐに思い出せます。こうした態度は、体操とか競争的スポーツ、その他の身体的技能の習得には大変役立ちますが、アーサナを正しく行う上には殆ど役立ちません。実際、その様な態度はかえって積極的な障害になるかもしれないのです。我々が心の作用の停止状態に向けて進み始める場合、先ず為すべき最初の第一歩は、自分の肉体と心と脳の中で起きている一切のことに対し超然たる傍観者になることです。もし我々がそうした態度で臨むと、自分が肉体の為していることの真の行為者でないことが分って来ます。ギーターが述べているように、世界の全活動はプラクリティのグナにより遂行されているのです。自分が行為者であると信じ込ませているのは我々のエゴなのです。

アーサナをしている時は、自分の意図的な努力を緩め、肉体をその中に潜む内的力によって導くがままにしておくべきなのです。すると、肉体にはそれ自体の知性があり、それが肉体自身の最良の導き手であることが分かってきます。エゴを満足させるため、あらゆるアーサナをしてみせたり、特定のアーサナをし過ぎるような過ちは冒してはなりません。

肉体がアーサナをする間、我々は超然たる傍観者に留まるべきなのです。またアーサナの目的が心を平静にすることなので、我々の内で働く無限なる神の力を瞑想すべきなのです。その力は我々の心とエゴの上にあります。その神の力こそが我々の生活における導きの力であって、肉体を通じて我々が行う全ての中に反映されているはずなのです。

79 ततो द्वन्द्वानभिघातः। (II-48)

tato dvandvānabhighātaḥ

すると、両極の猛攻にさらされなくなる。

上の二つのスートラの精神でアーサナを実践すれば、人生で出会うあらゆる種類の難しい状況に修行者(*sādhaka*)が立ち向かう助けになります。人間は常に最善を望んで人生を送ろうとしています。そこで彼は安楽、成功、幸福、名誉等を持ちたいと願います。しかし、どんなに一所懸命試みても、人生の諸事が常に望み通りに運ぶという保証はありません。しばしば、望むこととは正反対のことにぶつかる羽目に陥ります。そこで、熱暑と寒冷、苦痛と快楽、成功と失敗、栄誉と侮辱という両極を超越することが必要です。ヨーガは二つの方法でこの内的な平等の構えを用意します。先ず、快適な状態でも不快な状態でも等しく寛ぐことが出来るようにアーサナを通じ肉体を訓練します。しかし、なお重要なことは、神に対する完璧な放棄の精神で無限なるものを瞑想しながらアーサナを行うと、内的な活力と平等観が発達して来るのです。上述したように、神への完璧な放棄により我々に新しい人生観が生まれ、自分の人生が超人間的意識の部分であることが分ってきます。そうした意識と波長を合わせて生きることで、我々は正しい精神で人生の浮沈を受け容れるようになります。成就(*sādhanā*)への道で進歩すればするほど、ヨーガ者は内的レベルにおいてますます生活するようになります。内的平衡が発達すると、現世の外的な力は彼をあまり悩ませなくなってくるのです。

80 तस्मिन् सति श्वास-प्रश्वासयोः गति-विच्छेदः प्राणायामः।

(II-49)

tasmin sati śvāsa-praśvāsayoḥ gati-vicchedaḥ prāṇāyāmaḥ.

アーサナが仕上がってから、息を吸ったり吐いたりする動きを統御するのがプラーナーヤーマ(調気)である。

呼吸は生命体で最も神秘的なプロセスの一つです。そのままにしておけば、心臓の鼓動のようにいつまでも自ずから進行して行きます。肉体の酸素必要度の変化に応じて、自動的に調整されます。呼吸は走れば早まるし、眠りにつけばゆっくりになります。そこで、当然のことながら、大概の人は自分の呼吸に殆ど注目しませんし、呼吸について意識的に何かする必要があるとは考えません。しかし、それは脳に酸素をより多く送る必要を感じないからに過ぎません。心と脳が自ずから調整できるような単調な普通の生活に我々が慣れているからです。呼吸機能を意識的に改善できるとは思い付きません。しかし、ヨーガが要請するように、頭で進行している活動を完全に統制しようとすれば、呼吸を統制する必要性が明確になります。

呼吸に関与する全脳細胞の総面積は約 90 平方メートルです。このことは、血液に新鮮な酸素を供給し、そこから老廃物を排出する過程に対し、自然が相当の重要性を付与していることを示しています。通常、我々はこの能力のごく僅かな部分しか使用しておりません。我々の肺が機能しているのは上半分だけで、最低限の酸素しか供給しませんし、それに応じて血液からの老廃物の排出も少なくなっています。しかし、我々が吸気と呼気の時間を長くして意識的に深い呼吸を実践すると、より多くの酸素が脳に供給され、より多くの老廃物が肉体から排出されるので、脳が次第にはっきりして来るのがすぐに分ります。息を吸ったり吐いたりしたところで息を止めると、脳内の呼吸中枢が刺激され、心に明晰と平和をもたらします。

ここで一言注意しておきます。プラーナーヤーマの実習は、良くこのことを知っている教師指導の下で行うことが非常に望ましいのです。脳内に突然、酸素が流入すると卒倒する人が出る可能性があるからです。指導者がいなければ、吸気と呼気の持続時間を長くしたり、息を止めるたりすることはゆっくりと非常に慎重に行うべきであって、当初は各段階一秒位がよいでしょう。しかし、ヨーガ呼吸法に慣れますと、脳に明晰さ、心に平和をもたらすその直接的効果が極めて明確になります。プラーナーヤーマは肉体と心の間の親密な関係を理解して、この両者の働きを改善させる非常によい運動です。

81 बाह्याभ्यन्तर-स्तम्भ-वृत्ति-देश-काल-संख्याभिः

परिदृष्टो दीर्घ-सूक्ष्मः। (II-50)

bāhyābhyantara-stambha-vṛtti-deśa-kāla-saṃkhyābhiḥ
paridṛṣṭo dīrgha-sūkṣmaḥ

(プラーナーヤーマには)息を、外に吐き出す、内に吸い込む、また留めるなどの種類があり、場所、時間、回数で調整され、夫々長短もある。

プラーナーヤーマ(調息)には実に様々な仕方があり、この主題について多くの書物が書かれてきました。パタンジャリはここではプラーナーヤーマの実習法の幾つかについて簡単に言及しています。呼吸は極めて精妙な過程です。外的環境に影響されると同時に、内的な心の動き方にも影響を与えます。実習の場所や時間帯に応じ、息は吐いて止めるか、吸って止めるかどちらがよいか、どの型のプラーナーヤーマがよいかを決めねばなりません。最大限の利益が得られるよう、不快な副作用が起こらないようにするために、吸気と呼気の長さ、調息実習時間は賢明に決めなければなりません。一つの黄金律は:人為的な設定目標を達成しようとしてプラーナーヤーマをしてはならないということです。極めてゆっくりと行い、その日に達成しえたことは何であれ満足することです。無理やりに特定の継続時間を設定し、特定の仕方で呼吸するように自分を強いることは、ヨーガの精神にもとることです。

また、我々が自分の存在の外面的側面から内面的側面へと進む際に、プラーナーヤーマはこの方向への第一歩になります。内的生活では誰もが別人です。同じ人間でも生活の様々な場面で異なる状態にあります。そこで誰か信頼の置ける教師とか良書からプラーナーヤーマの仕方を学んで下さい。ただ、これまで得た経験を基に、特定な時に自分に最も適したプラーナーヤーマの型と継続時間を自分で決めることです。常に柔軟に対応し、プラーナーヤーマを決して機械的な動きにせず、身体にも心にも役立つ生命力増強の活動にしてもらいたいものです。

82 **बाह्याभ्यंतर-विषयाक्षेपी चतुर्थः।** (II-51)

bāhyābhyantara-viṣayakṣepī caturthaḥ

（息を）外へ出す、内に入れるという境地を超えた、第四の調息（プラーナーヤーマ）がある。

息を吸う、息を出す、息を吸ったところ或いは出しきったところで息を止めるというのがプラーナーヤーマ実習の通常の三段階です。これらを行うにはプラーナーヤーマ実習者側の意識的な努力を必要とします。プラーナーヤーマのこれら三段階の意識的な実習は、心の働きの全面的統御が達成されていない限りにおいて必要です。しかし、心が完全に静かになると、呼吸の進行過程が、まるで、身体と頭脳にとって必要なことを行うために、それ自体が知性を用いていると行者が感じられるようになります。呼吸がどこかで暫く停止したままになることも起きます。この状態は二元性を超えているので、何か外部にあるとか内部にあるとかいう気付きもありません。とはいえ、この状態では呼吸の精妙な側面が活性化しています。これが、呼吸過程の中で、息を出す、出して止める、息を吸う、吸って止めるという諸側面を超越するプラーナーヤーマです。行者が無限なものと波長を合わせ、ある意味で、個人を通じて宇宙が呼吸し始めるのです。

83 ततः क्षीयते प्रकाशावरणम्। (II-52)

tataḥ kṣīyate prakāśāvaraṇam

そこで、内的な光明の覆いが取り除かれる。

地球上の全生物は神の顕現です。我々の内部と周囲で起きている全てのことは、神とその力が為していること以外のものは何もありません。しかし、我々はこの事実に気がつきません。自分の周りに我々は無知(*avidyā*)の暗い覆いを付けているからです。良く知られているように、ヨーガは個別意識を宇宙意識に結び付けます。皮肉なことに、個別意識は既に宇宙意識の部分なのに、その事実に気付いていないのです。大海原の表面の一個の波が既に大海原の部分であるようなものです。海原となるために、波は何もする必要がありません。波自体が自らを完全に穏やかにすれば、それは自ら海原と一体になります。同じように、我々と神との間の区別を作り上げている我々の心の働きを、我々が完全に鎮めることで、我々は自ら神と一つになります。必要なことの全ては、無知の覆いを取除くことだけです。心に明晰さと平和をもたらし、無知の覆いを取り除く上でプラーナーヤーマの実習は非常に役立ちます。

注目すべきことは、パタンジャリが精神的無知の除去とプラーナーヤーマの過程を結び付けていることです。外からは、プラーナーヤーマが肉体的過程であるかのように見えても、これには深い精神的意味があるのです。ヨーガの下では、一方で肉体的なもの、他方で心や精神に関わるものという基本的区別はありません。全生命は一つの不可分の結合した全体であり、生命のあらゆる側面は相互に影響しあっています。パタンジャリは少し前の箇所で、アーサナさえも、自分の肉体を神に奉献する積りで行わなければならないと述べていました。深い呼吸は心の働きに明晰さをもたらすのに役立ち、平和な心は肉体に均衡を生みだすのに役立ちます。肉体と心を調和的に発展させることは我々の精神的成長を助けます。

84 **धारणासु च योग्यता मनसः।** (II-53)

dhāraṇāsu ca yogyatā manasaḥ

そして心の集中力も(発達する)。

心は本性からして、極めて落ち着きがないものです。長時間一つの状態に留まっておれません。心のこうした統御しがたい不安定な活動が混乱と緊張を作り出します。心の平和の獲得のために、多くの人々がヨーガ実習にやって来ます。心が一つの主題に集中していられれば、心は平穏でしょう。注意力を散らさないでいられるような活動に我々が没頭している限り、我々は別に緊張しません。しかし、そうはいかないのです。少し時が経つと我々は一つの主題に飽きて、何か別の気晴らしを探し始めます。同時に、自分が折角始めた仕事を完成させなかったことを後悔します。やがて我々の一生は、未完の仕事とそれに由来する挫折感と葛藤がつらなる物語になっていくのです。これからの脱出法は、自らの集中力を増進させ、自分が今行っていることに集中できるようにすることです。

我々の心がしばしば散漫になる主たる理由の一つは、頭脳が不純物で満たされているからです。プラーナーヤーマを通じて我々はこの不純物を除去できます。すると心はより長い時間、ある主題に集中できるようになります。事実、心に退屈感が出て来たり、目前の主題に心を向けておけなくなってきたら、何時でも、深呼吸をして見ることは良い考えです。プラーナーヤーマを短時間でもやると、心に明晰さと清澄さがもたらされます。

85 **स्वविषयासंप्रयोगे चित्तस्य स्वरूपानुकार इव इंद्रियाणां प्रत्याहारः।** (II-54)

svaviṣayāsamprayoge cittasya svarūpānukāra iva indriyāṇām pratyāhāraḥ

プラティヤーハーラとは、感覚器官がその対象に結び付くことをなくすことで、個人意識それ自体が働くような形をとることである。

プラティヤーハーラの実習により、我々はパタンジャリのヨーガ・システムの内的次元に入ることになります。普段、我々は自分の意識がそうとは気付いていませんが、感覚器官を通じて知覚された外的世界の特定対象とか、その時点の感情だけを意識しています。感覚器官は我々内部のフィーリングにより誘導されていますが、注目の焦点にあるのは通常、感覚対象です。感官撤退の実習とは、感官をその対象から切り離すことにあります。ギーター(2-58)が述べているように、これは、亀が外に出ている四本足を自分の中に引込むようなものです。目を閉じて、感官と心をその対象から引き離し始めると、次第に我々は内なる意識に気付き始めます。それは、我々の内的成長にとって極めて大事な部分で、自分の内で起きていることを、ただじっと観察することです。すると我々は自分の周囲の様々な対象の形を形成しているものが、実は、我々の意識であることに気付くのです。すると、いかなる感覚器官を通じての我々の観察も我々の意識的活動になります。我々は感覚器官やその対象によっては押し流されないのです。そこで我々は感覚器官の真の使い手になります。ただ我々がそのような内的統御力を獲得するまでは、感覚器官と心が我々の意識を誘導して感覚対象に結び付け、人生における多くの困難を作り出すのです。外部世界を意識するよりも、むしろ自分自身に気がつくようになる上で、プラティヤーハーラの実習は非常に効果的です。

86 ततः परमावश्यतेंद्रियाणाम्। (II-55)

tataḥ paramāvaśyatendriyāṇām

そこで感覚器官に対する最高の統制力が生じる。

我々の感覚器官は外的世界についての知識を我々が獲得するための道具であると想定されています。しかし、それらはしばしば全く勝手に動き出すように見えます。例えば、味覚が我々の食べるべきものを決めたり、視覚が我々の見るべき物や人物を決めています。そのような場合、感覚器官は我々の主人と化し、我々にとって良い道具ではないのです。心と感覚器官は常に協同しているので、我々が感覚器官を統御し得ない限り、ヨーガの目的である心の働きの静止はありえません。そこで、感覚器官に対する統制力を獲得することは、ヨーガの道において必要な一段階です。プラティヤーハーラの実習を続けることで、感覚器官への統制力が生れ、我々はヨーガの部門でより高いレベルに進んでいけるようになります。

87 तपः-स्वाध्यायेश्वर-प्रणिधानानि क्रियायोगः। (II-1)

tapaḥ-svādhyāyeśvara-praṇidhānāni kriyāyogaḥ

苦行、自己学習、神への祈念、これらをクリヤーヨーガ（実践のヨーガ）**と言う。**

このスートラの三つのキーワード、苦行、自己学習、神への祈念は、人格の三側面、即ち、身体と心と魂にそれぞれ対応しています。ヨーガの修行は全てこの三つの次元で行わねばなりません。ヨーガによる精神的な道の第一歩は、苦行を通じて肉体をヨーガに向けて整えて行くことです。苦行といっても肉体的禁欲を意味しておりません。それは精神的求道者の全面的な統御下に肉体を置いておけるようにするための肉体訓練を意味しています。苦行の伝統的な定義は両極の忍耐（*dvandva-sahanam tapaḥ*）です。そこで、暑熱と寒冷、苦痛と快楽といった両極が肉体と心に影響を与えないように肉体と心に対し統制力を働かせることが、ヨーガでいう苦行になります。通常、我々の肉体は感覚器官の快楽追求的傾向に誘導されています。この傾向は克服されるべきであって、感覚器官は人間の下僕にとどまり主人にならぬように、感覚器官を使うべきなのです。感覚器官への隷従は生活面で多くの葛藤を産み出し、心を落着きなくさせてしまいます。外的にも内的にも単純な生活こそ精神的成長を促すものです。ヨーガの目的が心の波動を鎮めることにあるので、この方向への努力がまず肉体と感覚器官の統制から始まるのは当然でしょう。

ヨーガの心の側面について、パタンジャリは文字通りに言えば自己学習を意味するスヴァーディヤーヤ（***svādhyāya***）を勧めています。これには二つの意味があり、第一には自分自身で学ぶこと、第二は自己について学ぶことです。自分自身で学ぶことは、人生の中で極めて必要なことです。もし学習の目的が人生において自分で問題解決が出来るようにすることであるなら、学校教育は、職業を見つけるというような極めて表面的な問題解決に役立つだけです。我々は皆、現実生活では、しばしば、心とか情緒とか社会の様々な問題に直面します。我々の中には深刻な精神的危機に直面している人もいます。そして、これら諸問題の解決に我々の義務教育や大学教育は全く役立っていないのです。

とはいえ、そうした問題解決のために、我々は学習しなければなりません。それ以外の道はないのです。しかし、今度の学習は自分自身でしなければならないのです。古代のインドでは、弟子が正規の教育課程を終えると、師匠は弟子に向い、今の学位授与式の式辞にあたる所で、最後の忠告を言い渡すわけです。その中には実際いろいろあるのですが、特に師匠は、"***svādhyāyān mā pramadaḥ***"『自己学習を怠るな』、と言います。師匠は「自分がこれまでお前達に教えてきたことは、学習の序の口に過ぎない、真の学習は、お前達がこれから自分自身でしなければならない」、という意味のことを諭すのが常でした。

自己学習の第二の意味は、自己についての学習です。我々の真の問題は自分の内にあります。これらの問題は理解可能であって、その解決策は自分自身を学習して、はじめて見出せるのです。自分は誰か？自分の構造はどうか？自分の運命は何か？これらは我々の人生についての最重要問題です。これらの問題への解答は、ただ本を読んだり、学者の話を聞くだけでは見つけられません。我々一人一人が自分のために自分でこれらの問題への解答を見出さなければならないのです。我々に出来る唯一の方法は、自分自身をよく観察し、自分の内部で何が起きているか、を理解して、自分で人生の方向を変えていくことです。

クリヤー・ヨーガの魂に関わる側面について、パタンジャリは神への全面的信伏を勧めます。大部分の人はこの勧告の受け入れをためらうでしょう。苦労して膨大な知識を蓄えてきた知的な人間たる我々が、ヨーガの目的である自らの真の本性を知るため、何故神に全てを奉献しなければならないのか？残念ながら、全学問の全知識を合わせても、自分が誰かを知るには全く役立ちません。ルードヴィッヒ・ヴィトゲンシュタインと言えば、前世紀の西洋最大の哲学者ですが、彼は「一切の科学的問題が解明されたと思っても、人生の問題は依然として未解明のままであろう」、と述べています。

我々の知性は、人間の内的生活の問題を理解するには役立ちません。そのためには、我々の存在の根源にまで迫って行かねばならないのです。海原の一つの波にとって自らのアイデンティティを知る唯一の道は、自分を海原に合一させることです。同じように、自分の内で働いている力を知るために、我々は自らの個人意識を宇宙意識と合一させなければなりません。するとより高次の力が我々の前に立ち現われるのです。

パタンジャリは、彼の『ヨーガ・スートラ』の第二章の冒頭に、このスートラと次のスートラを載せました。同じ章の少し後のスートラで、パタンジャリは、ヨーガ八部門のうちの最初の二部門として、五つのヤマ(*Yama*)と五つのニヤマ(*Niyamas*)のことを記述しています。ところで彼がここで触れた苦行、自己学習、神への祈念の三項目は、五つのニヤマに含もまれております。これは重複のようにも見えます。クリヤ・ヨーガの構成項目として、この三者を別立てで、パタンジャリがここに改めて記すのは、ヨーガの実践的側面を簡潔に触れておこうという考えからです。もし実践的ヨーガの精髄を知りたければ、まず、この三つの準備的段階の実習から始めるのがよいのです。

88 समाधि-भावनार्थः क्लेश-तनूकरणार्थश्च। (II-2)

samādhi-bhāvanārthaḥ kleśa-tanūkaraṇārthaśca

（クリヤーヨーガの目的は）サマーディへの道筋を示し、苦悩（の原因）を弱めることである。

三昧の境地は一朝一夕には達成できません。クリヤーヨーガを構成する苦行、自己学習、神への祈念の三徳は、三昧の境地を最終的に達成できるようにサーダカ、即ち精神的求道者を準備させるものです。

クリヤー・ヨーガの今一つ別の目的は苦悩原因の縮減です。パタンジャリは『ヨーガ・スートラ』では、五種の苦悩を挙げています。（これに関連した所は、本書第一部に含めています）。苦行を実践することで、肉体的苦悩は軽減させることが出来るでしょう。

心のレベルの苦悩が発生するのは、大体、我々が、自分の行為や言動の影響を考えずに世の中で行動することに起因しています。多くの場合、我々は自分の言動や行動を後になって後悔します。自分自身の本性についての無知から心の悩みが作り出されます。自分の人生にとって何が究極的によいのか決められないからです。もし広い意味での自己学習を然るべく企てるなら、我々の心の悩みはかなり軽減されるでしょう。

神へ心身を委ね無条件で祈念することは、エゴを超越することを助け、人生に深い平和をもたらします。それがまた、我々に内的な光明を与えてくれます。我々はそれを頼りにして、幸福な調和の取れた道を辿って人生を歩むことができます。

第三部　ヨーガの最終的成果

パタンジャリは、ヨーガ・スートラの冒頭において、ヨーガの目的は一切の心の働きを静止させることである、と述べました。第一部では心の働き方を知る事に重点を置き、第二部では、一切の心の働きの静止に役立つヨーガの実践法について研究しました。本書の第三部では、ヨーガを実践してみた結果を検討します。つまりヨーガという精神的修練の赴く先を見ていことにしましょう。

第二部の最後に来て、アーサナ（*āsana*）、プラーナーヤーマ（*prāṇāyāma*）とか プラティヤーハーラ（*pratyāhāra*）といったヨーガの実践的側面を学びました。これら三つの項目には共通性があります。ある目的を達成するために意図的に何かを行うと言うことです。アーサナでは身体にバランスと柔軟性を与えるある種の運動を行いますし、プラーナーヤーマでは頭脳により多くの酸素を供給し、心を落ち着かせるヨーガ的な呼吸法を行います。アーサナもプラーナーヤーマも共に身体が関わっています。プラトヤーハーラでは身体はじっとして動かしませんが、自分の注意力を外部から引き下げて、内部に向かわせるということを意図的に行います。この段階のヨーガでは、例え軽微であろうとも努力という要素が含まれていることは明らかです。

ところでこれからのスートラでは、努力を必要としないヨーガの内的側面について学ぶことになります。ダーラナー（*dhāraṇā*）、ディヤーナ（*dhyāna*）、サマーディ（*samādhi*）の実践を通して、何らの努力を伴わずに、ある内的意識に到達するのです。精神的探求の究極目的はサマーディにおいて超越的意識状態に到達することです。しかし、その様な状態は直ぐには達成されません。そこまで至るには実に多くの段階があるのです。ここではパタンジャリは次のような段階に触れます。

89　**देशबन्धः चित्तस्य धारणा।** (III-1)

deśabandhaḥ cittasya dhāraṇā

心を一つの所に固定しておくことがダーラナー（集中）である。

心は本性的に移りやすいものです。一時の間も一箇所にとどまりません。本書の第二部 スートラ 37 で我々はアビヤーサ（心を内面に向ける実習）とヴァイラーギヤ（外へ向かう心を引き戻す実習）により、心が統御されうることを見てきました。読者がここで本書のスートラ 37 から 40 までを再読し、パタンジャリがアビャーサとヴァイラーギヤについて、どんなことを述べているかをチェックしておくことをお勧めします。求道者がこれら二項目を相当の時間修練すると、自分の心が長時間一箇所に留まれるようになることが分かります。これに簡単な説明を加えておきます。人間の満足の源泉は自分の外部にはありません。自分の意識内部にあるのです。内部で平和と幸福を味わえないと、心は満足と幸福を求め、常に外部にさ迷い出てしまいます。自分の満足の源泉を内部に発見すれば、気晴らしがなくても、有益な活動をしながらそこで長時間過ごすことができます。何故なら平和と幸福の源泉が今この時点で自分の内部に存在するからです。この能力を獲得すると、どんなことにも役立ちます。外的な物事に心が散乱しないので、自分のしていることに注意を集中していられるのです。ダーラナーは仕事における効率をもたらすばかりでなく、心に平安をもたらします。仕事をしていて緊張するのは、そのことに自分が集中できないからです。人間の心は、無関係のことばかり考え続けます。しかし、ダーラナーが達成されると、我々の一切の仕事は円滑に効率よく進みます。

ダーラナーを行うには、心和ませるようなもの、例えば花とかランプ或いはロウソクの小さな炎、美しい風景写真、シュリ・チャクラのような図形などに注意を集中し、暫らくの間、ただじっと力まずに眺めればよいのです。すると、目を閉じた時も、意識の中にその知覚残像が残るのです。そうしていると、集中力が生まれてくるのです。その後、集中することが自然になり、特に意図して実習する必要もなくなります。

90　तत्र प्रत्ययैकतानता ध्यानम्।(III-2)

tatra pratyayaikatānatā dhyānam

ダーラナーの状態で、想念を持続していくのがディヤーナ（瞑想）である。

ディヤーナ（瞑想）とはヨーガの究極目標たるサマーディの一歩手前の段階です。ダーラナーでは心をある特定物に向けるという意識的動きがあります。暫らくそのままにしていると、少しの間、観想対象から離れるようになります。したがって求道者は心を観想している対象に戻さなくてはなりません。かなりの時間そうしたことを続けていくと、殊更に力まなくても持続的に瞑想に没頭していられるような意識状態に到達できるでしょう。

それがディヤーナの状態です。それでもなお、瞑想者が瞑想していると言う意識はあるものの、努力の痕跡はありません。それは自発的で、平安と明晰さを伴っています。

91　तदेव अर्थमात्र-निर्भासं स्वरूप-शून्यमिव समाधिः। (III-3)

tadeva arthamātra-nirbhāsaṃ svarūpa śūnyamiva samādhiḥ

そのディヤーナで、（瞑想の）対象のみが光り輝き、意識それ自体は空のようになっている状態、それがサマーディである。

ディヤーナの状態では、瞑想者は自分と瞑想対象、瞑想過程そのものを意識しています。しかし、さらに瞑想の実習を続けると、自分の意識から瞑想しているということも消えてしまう、つまり、瞑想しているという意識のないサマーディの状態に到達します。そこでは意識という対象だけがある、つまり意識は意識それ自体だけを意識しているのです。

92 **त्रयमेकत्र संयमः।** (III-4)

trayamekatra saṃyamaḥ

この三者(ダーラナー、ディヤーナ、サマーディ)**をまとめてサンヤマと呼ぶ。**

サンヤマという語は、ダーラナー、ディヤーナ、サマーディをまとめて総称したいときに使われます。サンヤマはここではパタンジャリの専門用語で、ヨーガの三つの内面段階をまとめて指示するのに使用されています。

93 **तज् जयात् प्रज्ञाऽलोकः।** (III-5)

taj jayāt prajñālokaḥ

サンヤマが達成されると、英知の光が現れる。

サンヤマ即ちヨーガの内的段階に安定すると、求道者の存在は、ここではパタンジャリがプラジュニャーと呼ぶブッディと同意義の宇宙的英知の光明に満たされます。日本の読者なら般若心経(プラジュニャー・パーラミター・フリダヤ・スートラ)の般若(プラジュニャー)であることが分かる筈です。 プラジュニャーの境涯は、アハンカーラとマインドの上にあって、個人の自己中心的意識を超越しています。人生における暗黒と混乱の大部分は、我々が通常、自分の安楽、自分の身近な人々の福祉にだけ関心を持つ狭い了見に捕われていることに由来します。社会には明白な抗争が、個人内部には隠れた内的葛藤があります。しかし、自我の狭い障壁を乗り越えて、我々は宇宙的な英知の状態に到達すると、我々の人生行路の行動を内側から指導してくれる平和な内なる光明を体験するのです。その状態では自分の内外にいかなる抗争も存在しません。それは全面的に光明に満ちた調和なのです。

94 तस्य भूमिषु विनियोगः। (III-6)

tasya bhūmiṣu viniyogaḥ

サンヤマは、（サマーディの）それぞれの段階において適用される。

ブーミ（*bhūmi*）とはヨーガの実習即ち求道の中で求道者が順々に到達する内的段階を指すヨーガの専門用語です。サンヤマの三段階を求道者が達成すると、彼はそれを、これから述べていくサマーディの諸段階に適用していくことが出来るようになります。

95 त्रयम् अन्तरंगं पूर्वेभ्यः। (III-7)

trayam antaraṅgam pūrvebhyaḥ

（サンヤマの）三部門は、ヨーガの前述の部門に対比すると内的である。

96 तदपि बहिरंगं निर्बीजस्य। (III-8)

tadapi bahirangaṃ nirbījasya

しかし、それさえも無種子（ニルビージャ・サマーディ）に対比すれば、外的である。

精神的な道程において、外的段階から内的段階、さらに最奥段階に至るまで明確な漸進的階梯があります。求道者の精神的進化のある段階で内奥と見えたところも、より深い精神的意識段階に彼が進めば、外的段階になります。この階梯は求道者が、通常の意識への帰還がもはや無いといわれる無種子サマーディ状態に到達するまで続きます。この状態が無種子サマーディと呼ばれる理由は、通常の脳内意識の種子が消滅し尽くされているからです。（*bīja* は種子）パタンジャリによれば、無種子サマーディこそ精神進化の最高の状態です。

サマーディの諸段階についてのパタンジャリの解説を次に記します。

彼が説明しているように、サマーディの最高段階は、急いでも実現するものではありません。そこに至るまでには様々な段階があります。求道者はそれら諸段階を忍耐強く進まなければならないのです。

パタンジャリは二種のサマーディを次のように区別しています。一方を認識型サマーディといい、他方を非認識型サマーディといいます。この見地からすると、前者の型では求道者は自己同一性を意識していますが、後者では自己同一感覚を失います。

97 वितर्क-विचारानन्दास्मितारूपानुगमात् सम्प्रज्ञातः। (I-17)

vitarka-vicārānandāsmitārūpānugamāt saṃprajñātaḥ

(i)論理的思考 (ii)継続的思考 (iii)喜悦(iv)「私」という感覚、を伴う状態は、サンプラジャータサマーディ(認識型サマーディ)と言われる。

この命題をかいつまんで検討してみましょう。

(i) 求道者が精神的修行を始めて、最初に経験する段階が論理的思考(*vitarka*)です。頭の中でひっきりなしに議論と反論が繰り返されるような思考形式です。ある時は正しいと見えたことが、少し経つとそれとは正反対のことが正しく見えるのです。ヨーガの道を辿り始めることは大きな決断で、それ以前の他の決断とは異なるのです。他の決断の場合、人は外部世界とか身体の動かし方とか或いは心の動かし方など、何かを変更したいと思っています。彼の学業生活とかそれに続く家庭生活や職業生活は全てそのような決断に基づいています。彼の心は常に動き回り、様々な決断をします。しかし、ヨーガでは心を働かせて外的世界で何事かを達成しようとするわけではありません。自分の頭脳機能を改善しようとするわけでもないのです。彼がそこで試みていることは心の働きを全くストップして、心によって作り出された渦巻きの彼方にある真理を見極めようとすることなのです。そのような新しい状況では間違いなく多くの疑惑が起こります。求道者の心の中にはしばしば議論、反論が起こって来るでしょう。例えば、この道をさらに突き進むべきか?自分は目標に向かっているのだろうか？目標に到達する技量才覚が自分には本当にあるのだろうか？正しい師匠についていたのだろうか？等々。この論議推論段階は乗越えなければなりません。

(ii) そこで次に来るのが継続思考段階（*vicāra*）です。この段階の人は深く理解したいと思う主題について絶え間なく検討し続けます。彼の心は依然活動し続けますが、疑惑や当惑の渦巻く段階よりは上の段階にあります。深い集中段階にある科学者、学者、芸術家はヨーガ者の状態にしばしば例えられますが、それは彼等の心が比較的静粛だからです。とはいえ頭脳活動が続行しているので、彼等は研究対象の理解もしくは芸術作品の創造を目指しています。もちろん時折、科学者に、ラージャシックな（じっとしていられない）性質に由来する動きが生じて、例えば、真理発見よりは名を上げること、若しくは金を稼ぐことに、より関心を向けるようになることがあります。

(iii) 第三段階が喜悦の状態（*ānanda*）です。この状態になると、自分のしていることに深く没頭しているので、その活動の結果がどうなろうとあまりこだわらなくなります。活動それ自体がその人間にとっての喜びとなり、喜びそのもので自分をその状態に保っています。彼にとり未来は存在せず、彼は現時点で全く満足しています。

(iv) 第四段階は、頭脳と身体活動が事実上静止した時にやってきます。求道者は個人としての自分が存在していることを意識するだけです。(अस्मि+ता アスミターとは文字通り自分が存在するという意識のこと) 彼は現世で何かを達成することを望みません。彼は自我に集中していますが、なお自分の個別的存在は意識しています。

98 **विराम-प्रत्ययाभ्यास-पूर्वः संस्कार-शेषोऽन्यः।** (I-18)

virāma-pratyābhyāsa-pūrvaḥ saṃskāra-śeṣo' nyaḥ

もう一つのサマーディ（アサンプラジャータサマーディー）**とは、内的修練を重ねた後に、想念が消え、微細な印象だけが残った境地である。**

マインド(心)の興味が外に向かうのを遮断して、内面だけに専念させる修練を積むうち、求道者はより高いサマーディの境地に到達します。この境地では、これまで本書が触れた四段階の心の動きはありません。つまり、求道者は自らの個別的存在を実感しない段階に至ります。とはいえ、日常的レベルでは個別的生活を送り、それに関連した活動は行います。つまり深い瞑想状態では個別的自己同一性を超えた状態を体験しつつ、眼を開けて現実世界で自らの義務を果たす場合には、自分の個別的存在を活用するのです。そこで、パタンジャリは「サマーディの高度の段階でも精妙な印象(サンスカーラ即ち個別的自己同一性の印象)はヨーギの意識の中に残留している」と述べているのです。一旦このサマーディに到達したヨーガ者は自由にその状態に入ったり、そこからまた出たりすることが出来ます。

99 भव-प्रत्ययो विदेह-प्रकृति-लयानाम्। (I-19)

bhava-pratyayo videha-prakṛti-layānām

身体感覚を失った人、プラクリティに没入した人には、成就しつつあるという感覚を伴うサマーディ-状態がある。

人により自分の仕事に没頭するあまり、自分の身体感覚を全く失うような場合があります。彼は自分が行っていることと完全に一体化しているので、彼の心は実際静かです。このような段階では彼は身体の存在を意識しません。理論的にはその人間にとって、これはサマーディの状態である、と言ってもよいでしょう。偉大な科学者や芸術家はそのような創造的超越状態を体験しています。但し、こうした思念の働きの自然な静止と求道者が意識的修練サーダナを通じて到達する思念の静止との間には、大きな相違があります。画家や音楽家が創造活動に我を失うように、自然の中で自分の仕事に全面的に没頭する場合、彼の心は静かですが、彼には成就しつつあるという感覚があります、つまり、自分の努力によって自分の周囲にある変化が起きていることに気付いています。これは自分の意識が全く変化しない状態に確立する最終的な解放状態ではないのです。

100 श्रद्धा-वीर्य-स्मृति-समाधि-प्रज्ञा-पूर्वक इतरेषाम् । (I-20)

śraddhā- vīrya- smṛti- samādhi- prajñā- pūrvaka itareṣam

その他の場合、信仰、精神力、想起、深い瞑想、英知などにしっかりと基づくことが必要である。

自分の仕事にすっかり没頭することができて、頭の中の静寂状態を経験していても、それがすぐさま最終的なヨーガの目的に結びつくものではありません。その様な没頭状態は、自然発生的なものなので、必ずしも統御できるとは限らず、常に攪乱される可能性もあります。偉大な芸術家の場合、作品制作中はヨーギさながら専心できたとしても、その状態から離れると、ただの普通の人から、さらに進んで異常人間にさえなることはよくあります。自分の心を十分に統御するには、意識的修練を積まねばならないのです。修練においては次の五項目が必要であるとパタンジャリは言っております。

i. 信仰（*śraddhā*） 信仰なくしては何事も成就しません。特に内的な精神的道程では、触知できるものが皆無なため、信仰がなければ精神的道程は辿り続けられるものではありません。度重なる失敗や困難が続き、（更にパタンジャリがここで語るように、将来も多難が予想される場合）、自分を維持できるのは信仰だけです。

ii. 精神力（*vīrya*） 精神的求道を進めるためには熱意と熱情が必要です。無精で弱気では進歩が非常に遅くなるか、又は道に迷うのみです。

iii. 想起（*smṛti*） 精神的求道の途上で困難に出会うと、それ以前の状態の方がより確実で快適であった、精神的求道など始めなければよかったと思い始めてしまいます。ほんの一つの困難に出会っただけで、非常に神経質になり、すっかり落込んで、この道はもう諦めようとさえ思うようになります。

その様な時こそ、これまで辿って来た人生が、現在の暗闇状態と較べると、ましに見えるかもしれないにしても、決して自分にとって永続的な平和と幸福の源泉にはなりえないことを、思い出すことは非常に有益です。(それだからこそ、最初の時点でヨーガへの道を歩み始めたのです)

物質的な生活から離れるという意識的決断を下したからには、何故自分が精神的求道を開始したかをしっかり思い起こせば、元に戻ろうと考えることはなくなるはずです。同じように、新しい困難に出会っても、これまでくぐり抜けてきた数多くの難局を思い出し、さらに精神的求道を続けようとする決意を強めることが出来るでしょう。

想起の事例を挙げましたが、想起は他の多くの場合でも役立ちます。例えば、心の暴走による混乱状態を克服し、静寂な意識状態を短時間でも持てたら、自分を取り巻くものの奥に自分の本性が隠れていることを想起すべきなのです。

iv. 深い瞑想(*samādhi*) サマーディの最終的状態に到達する以前に、それに類似した状態、これもサマーディと名付けてありますが、そうしたものを時折垣間見ることがあるのです。この宇宙意識への一時的没入体験は求道者が自分の道を辿る上で役立ちます。というのは、自分が目指す目標が確かに存在すること、そして自分がそこに到達できることを確信させてくれるからです。

v. 英知の覚醒(*prajñā*) 我々は心のレベルで人生を送ります。心を通じて世界を知り、世界を解釈し、その中で活動します。我々の個人と社会の問題も本質的には心に関わります。前に触れたように、英知(*prajñā* または *Buddhi*)のレベルは、心のレベルの上位にあります。心の直面する困難を克服する唯一の方法は心のレベルを超えることなのです。そうするには我々が英知のレベルに上昇しなければなりません。

サマーディ最奥のレベルに到達するためには、上述した五つの項目を達成しなければならないのです。

101 तीव्र-संवेगानाम् आसन्नः। (I-21)

tīvra– saṃvegānām āsannaḥ

(サマーディの境地は)強い情熱を持つヨーガ者には近い。

パタンジャリはかつて「ヨーガの状態は心を外的事物から引き離し、心を内に向けることで達成される」と述べていました。しかし、どれだけ速やかにこれが成就されるかは、求道者が世俗的事物から逃れて、心を内面に向けようとする気持ちの強さに依存しています。多くの人々は世俗的目標の追求に幻滅を感じてヨーガの道に辿りつきます。しかし、間もなく彼等は元の物質的な生活の仕方に戻ってしまいます。一方、ヨーガに興味を抱く人々もいます。ヨーガはよいものだと、誰かに聞いたからです。準備段階をを学び、心を内面に向けて暫く精神的な道を追求すればよいのだ、と分かっています。しかし、やがてそれに飽きます、というわけは内的世界には外的世界が提供する程の魅力がないからです。そのいずれの場合でも、心を外面的生活から引き離し、内的な精神的探求に没頭し続けておくほど、気持ちが十分強くないからです。ヨーガの道での成功は自分の本性を発見しようとする気持ちの強さにかかっています。一時的な好奇心とか流行でする、という態度では駄目です。外的生活面の魅力を内面の旅にまで持ち込む人もいます。そうなるとヨーガが、肉体美の達成とか或いは有名人になる手段になってしまいます。こうした傾向は、自分の本性を見極めようとする態度がまだしっかり出来ていないことを示しています。これは心の外的なものに対する衝動を満たそうとしており、そうした衝動を満たすためにヨーガを利用しているのです。残念ながら、この傾向は現代のヨーガのグル達の間にも見受けられます。

102 मृदु-मध्याधिमात्रत्वात् ततोऽपि विशेषः। (I-22)

mṛdu-madhyādhimātratvāt tato' pi viśeṣaḥ

（サマーディ達成の進度は）その中（強い情熱の中）でも、さらにその熱意が「強い」、「中間」、「弱い」によって異なる。

二人の人間が外面的には同じヨーガの道を辿り、同じ時間を割いて、同じことをしていても、その結果は違ってきます。内的な生活は二人の人間では同じではありません。ヨーガの道に極めて熱心な人々の間でも、外的物質的世界の魅力からどれだけ早く自由になりたいと願っているか、そのためにどれだけ犠牲を払おうとしているか、内的精神世界にどれだけ早く没頭したいと思っているか、といった気持ちの持ち方に違いがあります。個々人の修行の効果は熱心さの度合により異なってくるでしょう。

103 **क्षीण-वृत्तेः अभिजातस्य इव मणेः ग्रहीतृ-ग्रहण-ग्राह्येषु तत्स्थ-तदञ्जनता समापत्तिः।** (I-41)

kṣīṇavṛtteḥ abhijātasya iva maṇeḥ grahītṛ-grahaṇa-grāhyeṣu tatstha-tadañjanatā samāpattiḥ

透き通った水晶の中に、近くにある物の色が映るように、心の働きが沈静した人の心中は、知る人、知る対象、知る過程の三つが一つになっている。そのような心の奥の静寂の意識がサマーパッティである。

（単語*samāpatti*は本節と次節では精神的覚醒の意味で使われている。なお後続の節では究極のサマーディに達するまでの様々な段階を指す。ヨーガ究極的目標がサマーディ、ただ、サマーパッティはサマーディの意味にもなる。）

世界を認知する上で心は当初は大変役に立ちます。心の働きを通して我々は人や物や場所に名前を付け、この時空世界の様々な範疇に位置付けをしていきます。しかし、心のこの働きは、私達が事物や人間の深い本性を理解する段になると、重大な障害となります。通常、例えば、何十年も一緒に生活してきた人間を私達は良く知っていると思っています。しかし、その人達について私達は本当にどれだけ知っているのでしょうか？その人達のフィーリングを直接知りうるでしょうか？人の本質を構成するものはフィーリングで、人の外的肉体ではありません。その人間について私達が知っていることは外側から見えるものに過ぎません。私達は本当の人間を知らないのです。

同じことは物質的世界の科学的知識についても言えます。心が働く限りにおいて、世界は科学を通してその関係を研究する無数の様々な事物に溢れているように見えます。しかし、世界の事物は本当に相互別々のものなのでしょうか？例えば、川は個別存在でしょうか、或いは、大気の温度、海水の蒸発、雨雲の形成、上流地方の風速、それらに由来する降雨、地上と水分に働く引力などの複合的効果そのものではないでしょうか？それに海洋表面の気温が降雨現象の始まりですが、これは太陽に由来する熱の結果です。また太陽は天の川にある他の数百億の星々の中の一個の小天体です。さらに天の川は数百億の星雲のうちの一つです。これらの事物や諸々の力はそれ以外の事物や力と切り離されたものでしょうか？心が世界に何の分離も見出さず、相互連関するものとして、一切の物体、人間、事象を眺めた場合、世界の本質は何になるでしょうか。ウパニシャッドは、「この世に如何なる個別分離なし。― ***neha nānāsti kiñcana***」と喝破しました。シュリ・オーロビンドは、「汝、既知なるものの彼方に行けば、汝まさに真の知識を得べし。かつて理性は助力者なりしが、今や理性は邪魔者なり」と、説きました。

私達が自らの心の波動を静止させた時、究極的実相を知ることが可能になり、自らの意識を、自分が理解しようとするものと同一化して、はじめて認知者、認知対象、認知過程の間に何の相克もなくなります。この完全な意識の境地に没入すると、事物の真の知識は自ずから私達の眼前に顕現してくるのです。

104 तत्र शब्दार्थ-ज्ञान-विकल्पैः संकीर्णा सवितर्का समापत्तिः।

(I-42)

tatra śabdārtha-jñāna-vikalpaiḥ saṅkīrṇā savitarkā samāpattiḥ

（サマーディーの領域において）言葉とそれらの多くの意味、そしてそれらを基盤にして作られた概念がいり混じった意識を持っている状態を、サヴィタルカー（論理を伴う）・サマーパッティといわれる。

ヨーガ者がすぐさま頭脳活動の完全静止状態に到達するわけではありません。彼がその状態に到達するまでには長い実習が必要です。その究極の実相を垣間見る段階が幾つかあるのですが、すぐに思念が動き始めてしまいます。究極の知識も、言葉の介入とか様々な文脈での意味とか様々な種類の疑念により曖昧なものにぼかされてしまいます。そこで求道者はいろいろ検討を重ねて真理を把握しようとしますが、うまくいきません。言葉とか言葉による議論では究極の知識は得られません。J・クリシュナムルティは『理性の働きで一つになったものは、理性でバラバラになる』と語っています。これは個々人やグループ内に限らず、一個人の頭の中でも起こります。私達はよく自分が考えていたことや自分が言ったことを疑い始めます。言葉はしばし物事を明白にするどころか、混乱を助長します。しかし、求道者にとっては、心中の言葉の働き方や言葉の限界に気付くことそれ自体が精神的進歩につながるのです。大概の人々は言葉から逃れる必要を感じておりません。言葉の落とし穴に気付き、それから逃れようとする欲求を持つことが、精神的道程を歩む第一歩になります。

105 स्मृति-परिशुद्धौ स्वरूप-शून्येवार्थ-मात्र-निर्भासा निर्वितर्का।

(I-43)

smṛti-pariśuddhau svarūpa-śūnyevārtha-mātra-nirbhāsā nirvitarkā

記憶が純化されると、意識自体が空であるような、（言葉はなく）意味だけに気づく状態が現れる。これがニルヴィタルカー（論理を超えた）サマーパッティである。

記憶とは人生のある時間を別のある時間と結びつける働きであり、これがあるために連続性が生れます。『私とは如何なる者か？』ということを自分で知ろうと思った時に、この世の一個の人間として生きてきた自分に起きたこと、自分とはこういう人間である、という思念全てが記憶です。しかし、心が鎮まって、過去の記憶が蘇ることがなくなると、論理的思考を全く伴わない、物や人を識別しえない情景だけが心に浮びます。これは意識の純粋な動きです。この段階で言葉は働きません。その言葉という現実的音声を伴わない意識に意味だけが立ち現れてきます。

全ての思考には形があります。例えば、大概の言語では文章に主語と動詞があります。この区分は本質的な存在で、思考や言語はそれを言葉として表現していると私達は考えます。しかし、これは幻想です。しばしば、主語と動詞との区分は言語により作り出されたもので、本質的にはそうした区分はないのです。簡単な文を取り上げてみましょう。

雨が降っている。

太陽が照っている。

川が流れている。

私達の言語では、『雨』は『降っている』という動作の主語だと言います。しかし、『雨』と『降る』は同じものです。降らない雨はありません。照り輝かない太陽も、流れない川もありません。つまり雨、太陽、川の活動(動詞で表現される)は、言語と思考過程が人為的に作り出したものなのです。思考とか愛とか種族という名詞はしばしば一個の物である如き印象を与えますが、実際はそうした物があるわけでなく、一つの連続的過程があるに過ぎません。

人間という存在の場合も全く同じです。私達は完全に独立した存在であると考え、独立した実体たる私達が思考と呼ぶ活動を行うと思っています。しかし、それは幻想です。思考が文字通り、我々を作り出しているのです。クリシュナムルティがよく言っていたように、「思考と離れた思考者など存在しない」のです。すでに見てきたように、パタンジャリは、ヨーガ・スートラの冒頭で、人間は自分自身を、心の動き(*citta vṛttis*)と同一化すると述べています。人がその本性を知るためには、その頭脳活動全てを沈静化させなければならないのです。パタンジャリに従えば、それこそがヨーガの主目的なのです。

一つの言葉の意味は別の言葉ではありません。言葉の意味とはその言葉を聞いたり読んだりした時に私達の内に産み出されるフィーリングです。言語過程には二つの明白な側面があります。内的側面は意味という形をとるフィーリングに関係します。外的側面は言葉を話すとか書くために消費されるエネルギーで表現されます。私達はしばしば言葉と意味を混同しています。修練の過程で私達は、先ずもって話す言葉のレベルから超越しなければなりません。修練にはマウナ即ち沈黙が不可欠です。段階を経て私達は内的思考の波動がなくなるレベルまで心を鎮めなければなりません。そうして初めて私達は意味の真の本性に直面できるのです。それまでは、私達の意味の把握そして又世界の把握は果てしなく続く相互に矛盾しあう言葉の奔流によりぼやかされるのです。

106 एतयैव सविचारा निर्विचारा च सूक्ष्मविषया व्याख्याता।

(I-44)

etayaiva savicārā nirvicārā ca sūkṣmaviṣayā vyākhyātā

まさに以上により、微細な対象に関する思考を伴う段階（サヴィチャーラー・サマーディ）と思考を超えた段階（ニルヴィチャーラー・サマーディ）が説明された。

パタンジャリは前出の二つの節で言及した二つの知覚段階（言葉と思考のある段階（*savitarka*）と言葉のレベルを超越した段階（*nirvitarka*））に触れています。これらの段階は普通我々の思考の対象となる外的世界の存在物と一般的には見做されてきたものです。しかし、これらの段階は、我々の考察対象が抽象的なものとなる内的世界にも当てはまるのです。前述したように、我々の思考は、あらゆる事象は実際には他の事象と分ち難く関連し合っているにもかかわらず、あたかも全く別個の独立した事象であるかのごとき印象を与える言葉によってかえって曇らされてしまうこともよくあるのです。

同じことは内的世界についても当てはまります。我々は言葉では内的世界の実相は把握できないのです。心とか魂、意識とか神などについては長い議論があり、数多くの本が書かれていますが、それらの本質について何ら信頼すべき知識はもたらしてくれません。それらの努力には一つの根本的弱点があります。それら議論や多くの書物を通して、我々は実質的に言葉を超えた実相の真実を掴もうとしているのです。粗大な物質的世界の実相を知るために言葉を超越することが必要であるように、内的世界の微妙な実相を知るためにも言葉のレベルを超越する必要があります。

107　सूक्ष्म-विषयत्वं च अलिंग-पर्यवसानम्। (I-45)

sūkṣma-viṣayatvaṃ ca aliṅga paryavasānaṃ

(サマーディにおける対象が)微細であるということは、プラクリティの未発現段階(標識のないもの)にまで及ぶ。

言葉と論理を通じて物事の知識を得る過程には限界があります。我々が知識の過程と呼ぶものは我々の感覚器官とマインド、エゴと英知を働かせることに過ぎません。サーンキャ哲学によれば、これら全てがそれら自体プラクリティの産物です。従ってそれらが我々に与えてくれる最高の知識とてプラクリティに関するものだけです。プラクリティの産物はプラクリティを超えたものについての知識を与えることはできません。

我々は如何なる種類の努力を積み重ねても究極の意識は知りえないのです。何故なら全ての努力は我々の内なる自然の働きの一部だからです。ウパニシャッドは「如何にして一切の知者を知りえようか？」との質問を発しています。かくして上述の知覚段階は最高の認知対象たる未顕在の原初的自然(*Prakṛiti*)に我々を誘導します。そこで認知の過程は終わります。

リンガ(*liṅga*)とは標識を意味します。アリンガ(*aliṅga*)とは無標識の意味です。論理で言うなら、リンガという言葉は別の物事の標識となるものを指示するために使われます。煙があれば火の標識となります。結果があれば原因の標識となります。一切のプラクリティの産物にはそれをあらわす標識があるのです。例えば、我々は知覚作用により感覚対象を現わすことができますし、思考により心の働きを現わすこと等ができます。我々は自分の周囲にあるものや、自分自身の身体機構、肉体とか感覚器官、エゴとか英知の働きを眺め、その結果、プラクリティ(原初的自然)を推定することができるのです。しかし、論理とか英知によって知ろうとする試みは究極の宇宙意識に通用しません。何故なら、宇宙意識はこの世界の如何なる存在にも関連していないからです。一切の頭脳活動を超越した深い三昧の境地(*samādhi*)においてのみ我々はそれを直接知覚できるのです。

108　ताः एव सबीजः समाधिः। (I-46)

tāḥ eva sabījaḥ samādhiḥ

これら(四種)が有種子の三昧(サビージャサマーディ)である。

サマーディ(三昧)は人間が到達できる最高の状態です。ここで言及されている状態はサマーディへの経過的段階で、人によってはサマーディによく似た状態とも言います。この境地で我々の正真正銘の本性の片鱗を捉えることが出来ても、暫くすると日常的世界に舞い戻ってしまいます。つまりその段階では従来体験の種子が残っていて、我々は過去の意識状態に連れ戻されてしまうのです。そこでこれらの段階は有種子三昧、種子が残っているサマーディと呼ばれるのです。

109　निर्विचार-वैशारद्ये अध्यात्म-प्रसादः। (I-47)

nirvicāra- vaiśāradye adhyātmaprasādaḥ

思考を超えた無垢清浄の三昧境（ニルヴィチャーラーサマーディ）に到達すると、ヨーガ者は自己の晴朗なる本性を見る。

人生における一切の錯乱と緊張は人間の心と止めどなく動く思考により作り出されます。クリシュナムルティが述べた如く、「思考は何の問題も解決しないし、今後とも解決に結びつかない。実際、思考が問題そのものなのだ」というわけです。問題について考えれば考えるほど、我々は混乱してしまうのです。思考のレベルを超越した時に初めて自分の内に平和と無垢清浄さを感じます。その段階で自分の真の本性を見据えることが可能になります。

110 ऋतंभरा तत्र प्रज्ञा। (I-48)

ṛtambharā tatra prajñā

その状態に至って、英知は普遍的真理で満たされる。

111 श्रुतानुमान-प्रज्ञाभ्याम् अन्य-विषया विशेषार्थत्वात्। (I-49)

śrutānumāna-prajñābhyām anya-viṣayā viśeṣārthatvāt

（その英知は）伝承、推論に基づく知識とは別ものである。なぜならそれらの知識は特定の対象に限定されているから。

これまで見てきたように、心を働かせて真理を知ることはできません。何故なら、心それ自体が宇宙の真理総体の極めて小さな部分に過ぎないからです。サマーディの超越的状態では、人間の意識は真理そのものに満たされます。つまりこの真理は言葉で表現できるようなものではありません。従って、それは聖典から学習したようなものとは全く別個のものです。心を働かせ推論を試みて収集した情報知識でもないのです。これら二つの場合、知識は言葉を媒介にして伝達され、その過程で知識は歪曲されます。心とエゴのレベルを超えた英知の状態に至ると、人は真理の直接的知覚に没入します。

112 तज्जः संस्कारः अन्य-संस्कार-प्रतिबंधी। (I-50)

tajjaḥ saṃskāraḥ anya-saṃskāra-pratibandhī

それ（思考を超えた三昧）から生じた潜在印象は、他の一切の潜在印象の発生を阻止する。

我々の有する体験は自らの精神に何らかの印象を残します。実際、我々の人生は一連の経験と経験の残した印象の繋がりに過ぎません。経験の大部分は相互に対立しあい、一つの経験は別のものと矛盾しあっています。そこでそのいずれも我々の内部では永続的印象にはなりません。しかし、一旦、究極の真理が直接認知されると、この真理の印象は他の印象を消し去ってしまうのです。しかし、このことは真理を最初に垣間見るだけでは決して起こりません。この状態が幾度も繰り返えされると、次第に過去の印象が消去されていくのです。

113 तस्यापि निरोधे सर्व-निरोधात् निर्बीजः समाधिः। (I-51)

tasyāpi nirodhe sarva-nirodhāt nirbījaḥ samādhiḥ

まさに有種子三昧が終わる時、全てが静止し、無種子三昧が現れる。

一旦超越的状態に到達しても、通常の意識状態が戻ることがあります。そこで、そのようなサマーディを種子あるものと呼ぶわけで、その状態から元の印象が再び発芽するかもしれないのです。しかし、超越的状態に十分長い間留まっていると、その人の意識はその人なりの真の本性にしっかりと確立し、頭脳レベルの生活に立ち戻ることがなくなります。チッタ即ち個人的意識の全過程が完全に機能を停止します。そこで人は真の本性に永続的に確立します。このサマーディの状態は*nirbīja*ー種子のないものと呼ばれます。この永遠の状態からの帰還はありません。パタンジャリによれば、これがヨーガの究極の目的なのです。

114 पुरुषार्थ-शून्यानां गुणानां प्रतिप्रसवः कैवल्यं

स्वरूप-प्रतिष्ठा वा चितिशक्तिरिति। (IV-34)

puruṣārtha-śūnyānāṃ guṇānāṃ-pratiprasavaḥ kaivalyaṃ svarūpa-pratiṣṭhā vā citiśaktiriti.

グナが（プラクリティの）本源に戻ると、プルシャには認識すべき対象がなくなり、純粋絶対（独存）が現れる。つまり、プルシャが自身の本性ー純粋意識として確立されたのである。以上

ヨーガ・スートラの冒頭でパタンジャリが述べたように、ヨーガの目的は真の自我の実現を助けることです。自分が何者なのかを知らないのは、チッタに止むことのない動きがあるためです。いつも我々は、チッタの動きと自分とを同一化しています。チッタの動きは変化し続けるので、自分についての考えも変り続けます。その結果、変化を超越したところに存在する本当の自分を我々は知らないのです。チッタの動きはプラクリティのグナによって起ります。既に見たように、肉体と心を含め、この世の全てはプラクリティのグナによって作り出されています。この世で我々がなす楽しいことも苦しいことも全て皆プラクリティのグナの活動に起因しています。

人はこの世のありとあらゆる活動を通して様々な体験を重ね、十分に泣いたり笑ったりしてきたので、もうこの世には心残りがないという時点で、初めて、人間は特定の役割を果たしつつ参加してきた現世という舞台から退出したいと思うようになります。そこで彼はヨーガを始めます。もし彼が真剣な態度で、相当長期間にわたり精神修養を続けるならば、グナの遊戯から離脱することは可能です。グナは人に役立つ全てを実行し、その人の為になる目的を果し終えると、表から引き下がり元のプラクリティに戻って、それと合一します。

グナがその人から退出すると、人は完璧に純粋意識状態になります。それがプルシャ(純粋意識)とプラクリティ(本源的エネルギー)の状態なのです。その人の為に、この世で果たすべきものは何もありません。彼は人生の究極目的を達成したのです。そして肉体が存続する限り、彼はこの世で生きながら解脱を達成した人間(ジーヴァンムクタ *jīvanmukta*)としての日々を送ります。

そこで、ヨーガ・スートラは終点です。ここで、*iti* という言葉は論文の終わりを示すために使われています。

ヨーガ・スートラの主要概念要約

ヨーガ・スートラの様々な箇所から抜粋したパタンジャリのヨーガに関する主要概念を 次に要約して提示する。

(この要約は本論に採用された順序に従っている。ヨーガ・スートラ第三章が扱った自在力 *vibhūti* の領域は含まれていない。各節冒頭左端にある数字は、本論におけるスートラ各節の番号を表す)

第一部

1-4

パタンジャリはまずヨーガを、脳内の動き(*citta-vṛttis*)の静止と定義して議論を始める。我々は脳内の動きが沈静化して初めて自分が本当は何者かを知るのである。沈静化してないときは、その時点でのチッタ・ヴリッティを自己と同一化させている。パタンジャリにとって、ヨーガの主たる目的は自分に自分の本性を悟らしめることなのである。完璧な静寂状態において人間はただ観察者(*draṣṭā*)となる。

5-11

パタンジャリは、五種のチッタ・ヴリッティがあるという、即ち正しい認識(*pramāṇa*)、誤った認識(*viparyaya*)、言葉による概念化(*vikalpa*)、睡眠(*nidrā*)、記憶(*smṛti*)である。それらには快いものもあれば不快なものもある。

12-20

パタンジャリは、人間の生活は苦悩に満ち満ちていると言う。彼は五種の苦悩の原因を挙げる、(i) 無知(*avidyā*)、(ii)「私」という感覚(*asmitā*)、(iii)愛着(*rāga*)、(iv)憎悪(*dveṣa*)、(v)生への執着 (*abhiniveśa*)、である。無知とは、一時的なものを永遠なるもの、純粋ならざるものを純粋なるもの、自分ではないものを自分であると、見做してしまう傾向をいう。「私」という感覚とは、観察者としての自分の本性を、見る道具と見做してしまう傾向をいう。愛着が人間の中で増長するのは快楽に耽るからであり、憎悪が芽生えるのは苦痛から逃れたいと思うからである。生への執着は、学のある人にもある生命に執着する傾向である。これら苦悩の原因は、根源に遡ることで除去できる。瞑想は苦悩の除去に役立つ。

21-25

パタンジャリによると、人間の苦悩は、過去世で作られたカルマの微妙な印象が原因となっている。この原因ある限り、人間は再び生まれ変わり、苦と楽の連鎖が続く。徳ある行為は幸福をもたらし、罪深い行為は不幸を作り出す。明識ある人にとって、この世の全ては苦である、何故なら究極の快楽でさえ苦をもたらすからである。まだ現実化していない苦は避けるように努めるべきである。

26-36

無知を除去すると、その結果プルシャとプラクリティ（意識と自然）がしっかり結ばれ、観察者という人間の純粋絶対的状態が顕現する。この無知の除去は、プルシャとプラクリティの相違がわかる識別的知識によってのみ実現する。

第二部

37-41

心の活動は、心を内向させ、心を外界の物事に散逸させないようにすることで鎮められる。我々の内には平和と歓喜の源泉があるのであって、そこに心を置き、そこに意識的に留まるように真摯に修行すべきである。しかし、これを可能にするには、現世の快楽若しくは来世の楽しみを堪能することに興味を失くさなくてはならない。この無執着が最終的に到達するところは、三つのグナが作った物事に対するところの一切の欲望を超越した至上なる意識の直接体験である。

42-48

心の活動は、神への祈念によっても鎮められる。パタンジャリは、「神とは、この世の苦しみとか行為とか、また精妙な印象にも全く揺らぐことのない特殊な意識である」と述べている。別の言葉で言えば、神とは時空世界の出来事から超越した意識である。神の中には、全知の種子がある。神こそ時間に連続性があるので古代人の師匠なのである。オームという語は神を表している。オームを繰返し、その意味を瞑想すべきである。すると内なる自我に到達し、ヨーガの道にある障害物から解放される。

49-51

ヨーガの道を歩む道すがら、我々は様々な障害、例えば肉体的病気、精神的倦怠感、疑惑、不注意、無気力、感覚的快楽への耽溺、誤った認識、ゆるぎなき基盤の未発見、心の落ち着きなさ、などに出会う。これらは多くの場合、苦痛、不安感、身体の震え、息苦しさを伴う。こうした障害を乗り越えるため、我々は一つの究極真理に精神を統一すべきである。

52-58

そこでパタンジャリは心を平和にする幾つかの方法を取り上げる。(i)幸福な者への友情、(ii)不幸な者への同情、(iii)有徳な者への喜悦、(iv)不徳な者への無関心といった態度を育むことにより心の晴朗性を発展させられる。しかし、通常、我々はその反対で、幸福な人々に対し嫉妬心を抱いてしまう。

心は息を吐いたり留めたりすることでも統御できる。あるいは心は何か好きなものに没頭することでも静かになる。悲しみを乗越え、内的光に満ちるのを体験すると心は鎮まる。世俗的な物事への執着心が薄くなると心は自然と平和になる。夢と睡眠で得たものを考えていても心は平和になる。あるいは快いもののことを瞑想しても心は落ち着くものである。

59-60

パタンジャリは、ヨーガの様々な側面を実修し、肉体的精神的な不調を取り除き、知識の光に包まれれば、最終的識別知（プルシャとプラクリテイ間の）に至ると述べている。パタンジャリに従うと、ヨーガには八つの部門がある、即ち、(i)ヤマ(一般的戒律)(ii)ニヤマ(個人的戒律)(iii)アーサナ(坐法)(iv)プラーナーヤーマ（調気）　(v)プラティヤーハーラ（感覚を対象から引き戻すこと）（vi）ダーラナー（精神集中）(vii)ディヤーナ　（瞑想）(viii)サマーディ(三昧—最終的なプルシャへの没入)である。

61-63

ヤマは五つある。(i) アヒンサー（非暴力）(ii) サティヤ（正直）(iii) アステーヤ（不偸盗）(iv) ブラフマチャルヤ（宇宙意識の生活）

（v）アパリグラハ（非所有）。これらの徳目は、階級、場所、年齢、時間に関係なく普遍的に実践されるべきである。

ニヤマには五つある。（i）シャウチャ（清浄）（ii）サントーシャ（知足）（iii）タパス（苦行）（iv）スヴァディヤーヤ（自己学習）（v）イーシュヴァラ・プラニダーナ（神への祈念）。

64-65

ヨーガの道すがら疑惑に捉われることが度々起こる。その様な場合、その対極を考えてみるとよい。例えば、心に何の制約も設けない世俗的な享楽生活という別の道は、混乱、矛盾、憎悪、暴力、幻滅、不満に満ちたものになるだけである。

66-70

ヤマの中で、非暴力を実践すると、その結果、敵を前にしても怨念を忘れる。真理を実践すると、自らの行為の果実に自信が持てる。不偸盗を実践する人には自然に貴重なものが手に入る。ブラフマチャルヤー即ちブラフマンに即して生活をすると活力がみなぎって来る。非所有を実践すると、いのちそれ自体の本性と本源を知るようになる。

71-76

ニヤマで、完璧な清浄を実践すると、自分の身体にも他者との身体的接触にも無関心になる。内的レベルで、自分の本質的あり方の浄化、明朗な気分、集中力、感覚器官の統御力、自らの真我洞察力などが出てくる。足るを知ると、無上の幸福感が生まれる。節制を実修すると、不純が除去されて、結果として身体と感覚器官が整ってくる。自己学習により、自ら望む神との交流が可能になるし、神をひたすら祈念するとサマーディに到達できる。

77-79

ヨーガ・アーサナは安定し、快適なものでなければならない。この状態もたらすには力を抜き、（あたかも神の無限の力が肉体を通じて働いているが如く）観じて無限なるものに到達するように努める。すると対立軸間の抗争（苦痛と快楽、利得と損失、勝利と敗北、成功と失敗等）は失せる。

80-84

そこで次は、ヨーガ呼吸法・プラーナーヤーマの実践である。これは吸気と吐息の統御から組立てられる。プラーナーヤーマは長くも短くも出来、息を出したところ又は入れたところで呼吸を留めたり、またそれを行う時間、場所、回数などを替えるなど、やり方を変える。プラーナーヤーマの実修で、内なる光の確認が出来るようになり心に集中力がついてくる。

85-88

感覚の外界からの撤収（***pratyāhāra***）を実修すると、感覚はチッタの内的レベルに向かい、感覚の統御は次第に完全なものになっていく。ニヤマについていうと、タパス(苦行)、スワーディヤーヤ(自己学習)、イーシュヴァラ・プラニダーナ(神への祈念)の三項目がクリヤーヨーガ（実践ヨーガ）を構成する、即ち、ヨーガの他の側面に関わらなくても実修できる実践的なヨーガである。

第三部

89-96

ヨーガの内的側面になると、パタンジャリは、「心を単一対象に集中させるダーラナを実修すべきだ」という。これを実修していると次第に、集中している対象を途切れなく自覚できている状態であるディヤーナ（瞑想）に入れるようになる。サマーディとは、一切の外的なものへの気付きが排除され、瞑想対象だけが意識されている瞑想状態のことである。三つ（ダーラナ、ディヤーナ、サマーディ）を総称してサンヤマという。これに熟達すると我々は英知の光に到達する。ヨーガのサーダナ（実践）の内的発展には漸進的な展開があり、最終的には、通常生活に再び戻る将来的な発芽可能性のある種子が全く残っていないニルビージャ・サマーディ(無種子三昧)に至る。

97-100

サマーディに別の階梯もある。まず思考という言葉の動きが観取されるサマーディの段階であり、至福状態の訪れが時折感じられる段階、また自分の個別存在を意識している段階はサンプラジャータ・サマーディ（知る段階のサマーディ）といわれる。

その後に、アサンプラジャータ・サマーディ（知る段階を超えたサマーディ）がある、これは脳内過程の静止には気づいていて、ただ脳に動きがあるという微妙な印象だけになっている段階である。身体に気づいている状態を超え、自分の周りの自然（プラクリティ）のみに没入している段階の人々には、成就しつつあると言う認識を伴うサマーディの状態がある。サマーディの状態にあっても、信仰、精神力、専心していること、英知の覚醒を感じることは出来る。

101-102

求道精神が旺盛な人は、速やかに進歩する。ただ、その時点でも、その人の進歩は精神的探求への集中度にかかっている。

103-108

サーダナがさらに発展すると、知る人、知る過程、知る対象が一つになった段階ともいうべき精神的知覚段階に到達する。

言葉やその意味、概念形成に気づいている状態でサヴィタルカー・サマーパッティ（一種のサマーディ）と呼ばれる認知状態がある。この認知状態はニルヴィタルカー　サマーパッティへと導く。　そこではいかなる形も言葉もなく、意味のみが意識される。これらの認知状態には、思考をともなう状態と時折思考を超越する状態とがあるので、精妙な瞑想対象がある段階に属している。この瞑想の精妙段階が進むと自然本性（プラクリティ）に到達する。これらの認知状態がサビージャ・サマーディ（有種子三昧）といわれる段階で、その状態では、低レベル意識が割り込んでくる可能性がまだ残っている。

109-113

思考を超越したサマーディ状態に到達すると明白な自我像が持てるようになる。人間の英知は普遍の真理に満ち溢れている。この英知は、聖典に出てくる啓示とは別領域に属している。推論から得られる知識とは全く異なる。思考を絶したサマーディ状態で生み出される精妙な印象は、それ以前の一切の精妙な印象を隔絶している。その状態を更に超越すると、ニルビージャ・サマーディ（無種子三昧）に到達する、その段階では種子は焼き尽くされており、通常の意識状態に舞い戻る可能性はない。

114

無種子三昧の境地に到達したヨーガ者にとって、三種のグナの遊戯は終わる。それらのグナは本源のプラクリティに還元し融合する。彼はその時、純粋絶対の境地（カイヴァルヤ）に存する。彼は原初のエネルギーと共にある純粋意識として自らの真の形態を見出したのである。

ヨーガ・スートラ　原典　全訳

( )内の数字は本書の本論各節への参照番号

॥ समाधि-पादः ॥ *samādhi*　　第一章　三昧

I-1 (1)　अथ योगानुशासनम्।

atha yogānuśāsanam

अथ *atha*：今　योग *yoga*：ヨーガ　अनुशासनम् *anuśāsanam*：研究

今から、ヨーガの研究を始める。

I-2 (2)　योगः चित्तवृत्तिनिरोधः।

yogaḥ citta-vṛtti-nirodhaḥ

योगः *yogaḥ*：ヨーガ　चित्त *citta*：個人意識　वृत्ति *vṛtti*：動きの

निरोधः *nirodhaḥ*：静止

ヨーガは個人意識における動きの静止である。

I-3 (3)　तदा द्रष्टुः स्वरूपे अवस्थानम्।

tadā draṣṭuḥ svarūpe avasthānam

तदा *tadā*　:そのとき　द्रष्टुः *draṣṭuḥ*：見るものの　स्वरूपे *svarūpe*：自らの本然の形態に　अवस्थानम् *avasthānam*：留まること

そのとき観察者は自らの本然の形態に留まる。

I-4 (4)　वृत्ति-सारूप्यम् इतरत्र।

vṛtti-sārūpyam itaratra

वृत्ति *vṛtti*：（心の）動きと　सारूप्यम् *sārūpyam*：同一化

इतरत्र *itaratra*：その他の場合

その他の場合、人は心の動きと同一化している。

I-5 (5)　वृत्तयः पंचतय्यः क्लिष्टाः अक्लिष्टाः।

vṛttayaḥ pañcatayyaḥ kliṣṭāḥ, akliṣṭāḥ

वृत्तयः *vṛttayaḥ*：(心の) 働き　पंचतय्यः *pañcatayyaḥ*：五種類
क्लिष्टाः *kliṣṭāḥ*：苦痛な(もの)　अक्लिष्टाः *akliṣṭāḥ*：苦痛でない（もの)

心の働きには五種類あり、苦痛なものもあれば苦痛でないものもある。

I-6 (6)　प्रमाण-विपर्यय-विकल्प-निद्रा-स्मृतयः।

pramāṇa-viparyaya-vikalpa-nidrā-smṛtayaḥ

प्रमाण *pramāṇa*：正しい認識　विपर्यय *viparyaya*：誤った認識　विकल्प *vikalpa*：言葉による概念化　निद्रा *nidrā*：睡眠　स्मृतयः *smṛtayaḥ*：記憶

(五種類の心の働きとは) 正しい認識、誤った認識、言葉による概念化、睡眠、記憶である。

I-7 (7)　प्रत्यक्षानुमानागमाः प्रमाणानि।

pratyakṣānumānāgāmaḥ pramāṇāni

प्रत्यक्ष *pratyakṣa*：直接的認識　अनुमान *anumāna*：推論　आगमाः *āgamāḥ*：信頼すべき権威の言葉　प्रमाणानि *pramāṇāni*：正しい認識

正しい認識の方法には、直接的認識、推論、信頼すべき権威の言葉がある。

I-8 (8)　विपर्ययो मिथ्याज्ञानम् अतद्-रूप-प्रतिष्ठम्।

viparyayo mithyājñānam atadrūpa-pratiṣ-ṭhitam

विपर्ययः *viparyayaḥ*：誤った認識　मिथ्या *mithyā*：間違った
ज्ञानम् *jñānam*：知識　अतद् *atad*：それ自身の〜でない
रूप *rūpa*：本性　प्रतिष्ठम् *pratiṣṭham*：〜に基づく

誤った認識とは、対象の本性に基づかない虚偽の知識をいう。

I-9 (9)　शब्द-ज्ञानानुपाती वस्तुशून्यो विकल्पः।

śabda-jñānānupātī vastuśūnyo vikalpaḥ

शब्द *śabda* :言葉(による)　ज्ञान *jñāna*：認識　अनुपाती *ānupātī*：の結果

वस्तु *vastu*：実体　शून्यः *śūnyaḥ*：欠いている

विकल्पः *vikalpaḥ*：言葉による概念化

言葉に基づく、実体を欠く認識は言葉による概念化と言われる。

I-10 (10)　अभाव-प्रत्ययालम्बिनी वृत्तिः निद्रा।

abhāva-pratyayālambinī vṛttiḥ nidrā

अभाव *abhāva*：非存在の　प्रत्यय *pratyaya*：想念　आलम्बिनी *ālambinī*：依拠した　वृत्तिः *vṛttiḥ*：（心の）働き　निद्रा *nidrā*：睡眠

睡眠とは、心に想念が存在しない時の心の働きである。

I-11 (11)　अनुभूत-विषयाऽसम्प्रमोषः स्मृतिः।

anubhūta-viṣayā'sampramoṣaḥ smṛtiḥ.

अनुभूत *anubhūta*：経験した　विषय *viṣaya*：対象

असम्प्रमोषः *asampramoṣaḥ*：失われていないこと　स्मृतिः *smṛtiḥ*：記憶

記憶とは、経験した対象が失われていないことである。

I-12 (37)　अभ्यास-वैराग्याभ्यां तन्निरोधः।

abhyāsa-vairāgyābhyāṃ tannirodhaḥ

अभ्यास *abhyāsa*：内的修練と　वैराग्याभ्यां *vairāgyābhyāṃ*：無執着により

तन् *tan*：それ（心の動き）の　निरोधः *nirodhaḥ*：静止

内的修練と無執着により心の動きは静止される。

I-13 (38)　तत्र स्थितौ यत्नः अभ्यासः।

tatra sthitau yatnaḥ abhyāsaḥ

तत्र tatra：そこに　स्थितौ sthitau：留まるための　यत्नः yatnaḥ：努力

अभ्यास: abhyāsaḥ：内的修練

その状態に心を留め置く不断の努力が内的修練である。

I-14 (39)　स तु दीर्घकाल-नैरन्तर्य-सत्कारासेवितो दृढभूमिः।

sa tu dīrghakāla-nairantarya-satkārāsevito dṛḍhabhūmiḥ

स sa ：それ(内的修練)तु tu ：まさに दीर्घ dīrgha ：長い काल *kāla* ：時間
नैरन्तर्य *nairantarya*：不断の　सत्कार *satkāra*：真摯に
आसेवित: *āsevitaḥ*：実践された दृढ *dṛḍha*：堅固な भूमि: *bhūmiḥ* ：基礎

この内的修練は、長い間たゆむことなく真摯に実践されることで堅固に根づく。

I-15 (40) दृष्टानुश्रविक-विषय-वितृष्णस्य वशीकार संज्ञा वैराग्यम्।

dṛṣṭānuśravika-viṣaya-vitṛṣṇasya vaśīkāra saṃjñā vairāgyam.

दृष्ट *dṛṣṭa*：見られた　आनुश्रविक *anuśravika*：伝え聞かれた
विषय *viṣaya*：対象に　वितृष्णस्य *vitṛṣṇasya*：無欲になった人の
वशीकार *vaśīkāra*：(自己)統御の　संज्ञा *saṃjñā* ：意識
वैराग्यम् *vairāgyam*：無執着

見たり聞いたりした対象に、無欲になった人の自己統御の意識が無執着である。

I-16 (41)　तत्परं पुरुषख्यातेः गुणवैतृष्ण्यम्।

tatparaṃ puruṣakhyāteḥ guṇavaitṛṣṇyam.

तत् *tat*：その(無執着の)　परं *paraṃ*：最高のもの　पुरुष *puruṣa*：プルシャの　ख्याते: *khyāteḥ*：直接体験によって　गुण *guṇa*：グナ
वैतृष्ण्यम् *vaitṛṣṇyam*：欲望を離れること

その無執着の最高のものが、プルシャ（宇宙意識）の直接体験を経て、（プラクリティの）三つのグナから生じた如何なる欲望をも離れることである。

I-17 (97)　वितर्क-विचारानन्दास्मितारूपानुगमात् सम्प्रज्ञातः।

vitarka-vicārānandāsmitārūpānugamāt saṃprajñātaḥ

वितर्क *vitarka* :論理的思考 विचार *vicāra* :継続的思考 आनन्द *ānanda* :喜悦 अस्मितारूप *asmitārūpa* :「私」感覚 अनुगमात् anugamāt :を伴うことから सम्प्रज्ञातः saṃprajñātaḥ：良く認識された（三昧）

(i)論理的思考 (ii)継続的思考 (iii)喜悦 (iv)「私」という感覚、を伴う状態は、サンプラジャータサマーディ（認識型サマーディ）と言われる。

I-18 (98)　विराम-प्रत्ययाभ्यास-पूर्वः संस्कार-शेषोऽन्यः।

virāma-pratyābhyāsa-pūrvaḥ saṃskāra-śeṣo' nyaḥ

विराम *virāma* :停止 प्रत्यय *pratyaya* :想念 अभ्यास *abhyāsa* :内的修練 पूर्वः *pūrvaḥ*：先行された संस्कार *saṃskāra*：潜在印象 शेषः *śeṣaḥ*：残った अन्यः *anyaḥ*：もう一つ

もう一つのサマーディ（アサンプラジャータサマーディ）とは、内的修練を重ねた後に、想念が消え、微細な印象だけが残った境地である。

I-19 (99)　भव-प्रत्ययो विदेह-प्रकृति-लयानाम्।

bhava-pratyayo videha-prakṛti-layānām

भव *bhava* :成ること प्रत्ययः *pratyayaḥ*:想念 विदेह *videha* :身体感覚のない प्रकृति *prakṛti*：プラクリティ लयानाम् *layānām*：～に没入した人々の

身体感覚を失った人、プラクリティに没入した人には、成就しつつあるという感覚を伴うサマーディ-状態がある。

I-20 (100)　श्रद्धा-वीर्य-स्मृति-समाधि-प्रज्ञा-पूर्वक इतरेषाम्।

śraddhā-vīrya-smṛti-samādhi-prajñā-pūrvaka itareṣam.

श्रद्धा *śraddhā*：信仰　वीर्य *vīrya*：精神力　स्मृति *smṛti*：想起 समाधि

samādhi：深い瞑想　प्रज्ञा *prajñā*：英知　पूर्वक *pūrvaka*：に基づいて
इतरेषाम् *itareṣam*：他の(真のヨーガ者の)

その他の場合、信仰、精神力、想起、深い瞑想、英知などにしっかりと基づくことが必要である。

I-21 (101)　　तीव्र-संवेगानाम् आसन्नः।

tīvra-saṃvegānām āsannaḥ

तीव्र *tīvra*：熱い　संवेगानाम् *saṃvegānām*：願望を抱く人の
आसन्नः *āsannaḥ*：近い

（サマーディの境地は）強い情熱を持つヨーガ者には近い。

I-22 (102)　　मृदु-मध्याधिमात्रत्वात् ततोऽपि विशेषः।

mṛdu-madhyādhimātratvāt tato' pi viśeṣaḥ

मृदु *mṛdu*：弱い　मध्य *madhya*：中間の　अधिमात्रत्वात् *adhimātratvāt*：強い　ततः *tataḥ*：それから　अपि *api*：も　विशेषः *viśeṣaḥ*：差異

(サマーディ達成の進度は)その中（強い情熱の中）でも、さらにその熱意が「強い」、「中間」、「弱い」によって異なる。

I-23 (42)　　ईश्वर-प्रणिधानाद् वा।

īśvara-praṇidhānād vā

ईश्वर *īśvara*：神　प्रणिधानाद् *praṇidhānād*：祈念によって　वा *vā*：または

(心の働きの静止は）神への祈念によっても達成できる。

I-24 (43) क्लेश-कर्म-विपाकाशयैः अपरामृष्टः पुरुष-विशेषः ईश्वरः।

kleśa-karma-vipākāśayaiḥ aparāmṛṣṭaḥ puruṣa-viśeṣaḥ īśvaraḥ

क्लेश *kleśa*：苦悩　कर्म *karma*：行為　विपाक *vipāka*：(行為の結果が)熟すること　आशयैः *āśayaiḥ*：(潜在意識に蓄積した）微細な印象によ

って अपरामृष्टः aparāmṛṣṭaḥ：動揺することのない पुरुष puruṣa：意識
विशेषः viśeṣaḥ：特別の　ईश्वरः īśvaraḥ：神

苦悩と行為、行為の結果及びそれらの如何なる微細な印象によっても動揺することのない特別な意識が神である。

I-25 (44)　तत्र निरतिशयं सर्वज्ञबीजम्।

tatra niratiśayaṃ sarvajñabījam

तत्र *tatra*：そこ（神の下）には　निरतिशयं *niratiśayaṃ*：至高の
सर्वज्ञ *sarvajña*：全知の　बीजम् *bījam*：種子

神の下には、至高なる全知の種子がある。

I-26 (45)　स पूर्वेषाम् अपि गुरुः कालेन अनवच्छेदात्।

pūrveṣām api guruḥ, kālena anavacchedāt.

सः *saḥ*：彼（神）　पूर्वेषाम् *pūrveṣām*：古代の人々にとって
अपि *api*：～さえも　गुरुः *guruḥ*：師匠　कालेन *kālena*：時間によって
अनवच्छेदात् *anavacchedāt*：制約されないから

神は古代の人々にとってもグル（師匠）である。なぜなら、神は時間によって制約されないからである。

I-27 (46)　तस्य वाचकः प्रणवः।

tasya vācakaḥ praṇavaḥ

तस्य *tasya*：彼（神）の　वाचकः *vācakaḥ*：表示するもの
प्रणवः *praṇavaḥ*：聖音オーム

聖音オームは神を表す言葉である。

I-28 (47)　तज्जपः तदर्थ-भावनम्।

tajjapaḥ, tadarthabhāvanam

तत् *tat*：それ（オーム）　जपः *japaḥ*：繰り返すこと　तत् *tat*：その अर्थ *artha*：意味　भावनम् *bhāvanam*：瞑想

オームを繰り返し、その意味を瞑想すること（が神を知る方法である）。

I-29 (48)　ततः प्रत्यक् चेतनाधिगमः अप्यन्तरायाभावश्च।

tataḥ pratyak-cetanādhigamaḥ-apyantarāyābhavaśca.

ततः*tataḥ*：そこで　प्रत्यक्*pratyak*：内への　चेतना*cetanā*：(内的自我の)意識　अधिगमः *adhigamaḥ*：到達　अपि *api*：また　अन्तराय *antarāya*：障害の　अभावः *abhāvaḥ*：消滅　च *ca*：〜と

そこで人は内的自我の意識に到達し、（ヨーガの道での）障害も無くなる。

I-30 (49)　व्याधि-स्त्यान-संशय-प्रमाद-आलस्याविरति-
भ्रान्तिदर्शन-अलब्धभूमिकत्व-अनवस्थितत्वानि
चित्तविक्षेपास्तेऽन्तरायाः।

vyādhi-styāna-saṃśaya-pramāda-ālasyāvirati-
bhrāntidarśana- alabdhabhūmikatva-anavasthitatvāni
cittavikṣepāḥ te antarāyāḥ

व्याधि *vyādhi*：病気　स्त्यान *styāna*：無気力　संशय *saṃśaya*：疑惑　प्रमाद *pramāda*：不注意　आलस्य *ālasya*：怠惰　अविरति *avirati*：渇望　भ्रान्तिदर्शन *bhrāntidarśana*：誤認　अलब्धभूमिकत्व *alabdhabhūmikatva*：揺るぎない基盤の未発見　अनवस्थितत्वानि *anavasthitatvāni*：移り気　चित्तविक्षेपाः *cittavikṣepāḥ*：心の散乱　ते *te*：これら　अन्तरायाः *antarāyāḥ*：障害

病気、無気力、疑惑、不注意、怠惰、渇望、誤認、ゆるぎない基盤の未発見、移り気、これらが心の散乱の種であり、（ヨーガの道の）障害である。

I-31 (50)　दुःख-दौर्मनस्यांगमेजयत्व-श्वास-प्रश्वासा विक्षेप-सहभुवः।

duḥkha-daurmanasyāṅgamejayatva-śvāsa-praśvāsāḥ vikṣkepa-sahabhuvaḥ.

दुःख *duḥkha*：苦痛 दौर्मनस्य *daurmanasya*：錯乱
अङ्गमेजयत्व *aṅgamejayatva*：身体の震え　श्वास *śvāsa*：荒い吸気と
प्रश्वासा *praśvāsāḥ*：呼気　विक्षेप *vikṣepa*：（心の）散乱の
सहभुवः *sahabhuvaḥ*：付随的症状

苦痛、錯乱、身体の震え、荒い吸気と呼気、これらが（ヨーガの道の）障害であり心の錯乱を伴う。

I-32 (51)　तत्प्रतिषेधार्थम् एकतत्त्वाभ्यासः।

tat-pratiṣedhārtham eka-tattvābhyāsaḥ

तत् *tat*：それらの　प्रतिषेध *pratiṣedha*：除去　अर्थम् *artham*：～のために
एक *eka*：一つの　तत्त्व *tattva*：真理　अभ्यासः *abhyāsaḥ*：内的修練

これら障害克服のため、一つの究極真理に精神集中を繰返すべきである。

I-33 (52)　मैत्री-करुणा-मुदितोपेक्षाणां सुख-दुःख-पुण्यापुण्य-विषयाणां भावनातः चित्त-प्रसादनम्।

maitrī-karuṇā-muditopekṣāṇāṃ sukha-duḥkha-puṇyāpuṇya-viṣayāṇāṃ bhāvanātaḥ citta-prasādanaṃ

मैत्री *maitrī*：友情　करुणा *karuṇā*：同情　मुदिता *muditā*：喜悦
उपेक्षाणां *upekṣāṇāṃ*：無関心の　सुख *sukha*：幸福　दुःख duḥkha：不幸
पुण्य *puṇya*：有徳　अपुण्य *apuṇya*：不徳 विषयाणां *viṣayāṇāṃ*：の対象への
भावनातः *bhāvanātaḥ*：態度を培うことによって　चित्त *citta*：心の
प्रसादनम् *prasādanaṃ*：清澄さ

心の清澄さは、(i)幸福な者への友情、(ii)不幸な者への同情、(iii)有徳な者への喜悦、(iv)不徳な者への無関心という態度を培うことで達成される。

I-34 (53)　　प्रच्छर्दन-विधारणाभ्यां वा प्राणस्य।

pracchardana-vidhāraṇābhyāṃ vā prāṇasya

प्रच्छर्दन *pracchardana*：吐くこと　विधारणाभ्यां *vidhāraṇābhyāṃ*：息を保持することによって　वा vā：または　प्राणस्य *prāṇasya*：息の

息を吐いたり保持したりすることでも心を鎮めることが出来る。

I-35 (54)　　विषयवती वा प्रवृत्तिः उत्पन्ना मनसः

स्थिति-निबन्धनी।

viṣayavatī vā pravṛttiḥ utpannā manasaḥ

sthiti-nibandhanī.

विषयवती *viṣayavatī*：感覚の対象に向けられた　वा *vā*：または　प्रवृत्तिः *pravṛttiḥ*：活動　उत्पन्ना *utpannā*：生ずる　मनसः *manasaḥ*：心の　स्थिति *sthiti*：安定　निबन्धनी *nibandhanī*：留め置くこと

あるいは、ある感覚対象に集中し続けることによっても、心を清澄にしておける。

I-36 (55)　　विशोका वा ज्योतिष्मती।

viśokā vā jyotiṣmatī

विशोका *viśokā*：悲哀のない　वा *vā*：または

ज्योतिष्मती *jyotiṣmatī*：光に満ちた（状態）

あるいは、悲哀を超えた光に満ちた心の状態(も、心を清澄に保つのに役立つ)。

I-37 (56)　　वीत-राग-विषयं वा चित्तम्।

vīta-rāga-viṣayṃ vā cittaṃ

वीत-राग *vīta-rāga*：愛着を離れた(人)

विषयं *viṣayaṃ*：対象　वा *vā*：または　चित्तम् *cittaṃ*：心

あるいは、愛着の対象から離れた心も平穏になる。

I-38 (57)　　स्वप्न-निद्रा-ज्ञानालंबनं वा।

svapna-nidrā-jñānālambanaṃ vā

स्वप्न *svapna*：夢(のある状態)と　निद्रा *nidrā*：睡眠(夢のない状態)の

ज्ञान *jñāna*：知識　आलंबनं *ālambanaṃ*：に依拠すること　वा *vā*：または

あるいは、夢と睡眠の知識を依り所にしても（心は平穏になる）。

I-39 (58)　　यथाभिमत ध्यानाद् वा।

yathābhimata-dhyānād vā

यथा *yathā*：そのような　अभिमत *abhimata*：好ましいもの

ध्यानात् *dhyānāt*：瞑想によって　वा vā：または

あるいは、好ましいものへの瞑想によっても（心は平穏になる）。

I-40　　परमाणु परम-महत्त्वान्तः अस्य वशीकारः।

paramāṇu-parama-mahattvāntaḥ asya vaśīkāraḥ

परम *parama*：最も　अणु *aṇu*：微細な粒子　परम *parama*：極大の

महत्त्व *mahattva*：大きなもの　अन्तः *antaḥ*：～の極限

अस्य *asya*：彼の　वशीकारः *vaśīkāraḥ*：統御

（心が平穏になった）人の（チッタの）支配する領域は極微細なものから極大なものにわたる。

I-41 (103)　क्षीण-वृत्तेः अभिजातस्य इव मणेः ग्रहीतृ-
ग्रहण-ग्राह्येषु तत्स्थ-तदञ्जनता समापत्तिः।

kṣīṇavṛtteḥ abhijātasya iva maṇeḥ grahītṛ-
grahaṇa- grāhyeṣu tatstha-tadañjanatā samāpattiḥ

क्षीणवृत्तेः ***kṣīṇavṛtteḥ*** :心の動きが収まった人の अभिजातस्य *abhijātasya* :透明の इव iva :～のような मणेः *maṇeḥ* :水晶の ग्रहीतृ *grahītṛ* :認知者 ग्रहण *grahaṇa*：認知過程　ग्राह्येषु *grāhyeṣu*：認知対象 तत् *tat*：そこに स्थ *stha*：ある तत् *tat* :それ（の色）に अञ्जनता *añjanatā*：染まること समापत्तिः *samāpattiḥ* :サマーパッティ（合一）

透き通った水晶の中に、近くにある物の色が映るように、心の働きが沈静した人の心中は、知る人、知る対象、知る過程の三つがひとつになっている。そのような心の奥の静寂の意識がサマーパッティである。

I-42 (104)　तत्र शब्दार्थ-ज्ञान-विकल्पैः संकीर्णा
सवितर्का समापत्तिः।

tatra śabdārtha-jñāna-vikalpaiḥ saṅkīrṇā
savitarkā samāpattiḥ

तत्र *tatra*：そこで　शब्द *śabda*：言葉　अर्थ *artha*：意味
ज्ञान *jñāna*：知識　विकल्पैः *vikalpaiḥ*：言葉による概念化によって
संकीर्णा *saṅkīrṇā*：混和した　सवितर्का *savitarkā*：論理（を伴う）
समापत्तिः *samāpattiḥ*：サマーパッティ（合一）

（サマーディーの領域において）言葉とそれらの多くの意味、そしてそれらを基盤にして作られた概念がいり混じった意識を持っている状態を、サヴィタルカー・サマーパッティという。

I-43 (105)　स्मृति-परिशुद्धौ　स्वरूप-शून्येवार्थ-मात्र-
निर्भासा निर्वितर्का।

smṛti-pariśuddhau svarūpa-śūnyevārtha-mātra-

nirbhāsā nirvitarkā

स्मृति *smṛti*：記憶の　परिशुध्दौ *pariśuddhau*：純化において
स्वरूप *svarūpa*：意識それ自体 शून्य *śūnya*：空　इव *iva*：～のような
अर्थमात्र *artha-mātra*：意味だけ　निर्भासा *nirbhāsā*：輝き出ること
निर्वितर्का *nirvitarkā*：論理を超えた（サマーパッティ）

記憶が純化されると、意識自体が空であるような、（言葉はなく）意味だけに気づく状態が現れる。これがニルヴィタルカー（論理を超えた）サマーパッティである。

I-44 (106)　एतयैव सविचारा निर्विचारा च सूक्ष्मविषया व्याख्याता।

etayaiva savicārā nirvicārā ca
sūkṣmaviṣayā vyākhyātā

एतया *etayā*：これにより एव *eva*：まさに सविचारा *savicārā*：思考を伴う
निर्विचारा *nirvicārā*：思考を超えた च *ca*：～と　सूक्ष्म *sūkṣma*：微細な
विषया *viṣayā*：対象（cf.98）　व्याख्याता *vyākhyātā*：説明された

まさに以上により、微細な対象に関する思考を伴う段階（サヴィチャーラー・サマーパッティ）と思考を超えた段階（ニルヴィチャーラー・サマーパッティ）が説明された。

I-45 (107)　सूक्ष्म-विषयत्वं च अलिंग-पर्यवसानम्।

sūkṣma-viṣayatvaṃ ca aliṅga paryavasānaṃ

सूक्ष्म *sūkṣma*：微細な　विषयत्वं *viṣayatvaṃ*：対象であること
च *ca*：そして　अलिंग *aliṅga*：標識のないもの（cf.28）
पर्यवसानम् *paryavasānaṃ*：～に達すること

（サマーディにおける対象が）微細であるということは、プラクリティの未発現段階（標識のないもの）にまで及ぶということである。

I-46 (108)　　ताः एव सबीजः समाधिः।

taḥ eva sabījaḥ samādhiḥ

ताः *tāḥ*：これら　एव *eva*：だけ　सबीजः *sabījaḥ*：有種子の
समाधिः *samādhiḥ*：サマーディ

これら（四種）が有種子の三昧（サビージャサマーディ）である。

I- 47 (109)　　निर्विचार-वैशारद्ये अध्यात्म-प्रसादः।

nirvicāra- vaiśāradye adhyātmaprasādaḥ

निर्विचार *nirvicāra*：思考を超えた三昧の　वैशारद्ये *vaiśāradye*：無垢清浄の境地で　अध्यात्म *adhyātma*：自己の　प्रसादः *prasādaḥ*：清朗さ

思考を超えた無垢清浄の三昧（ニルヴィチャーラー・サマーディ）に到達すると、ヨーガ者は自己の晴朗なる本性を見る。

I-48 (110)　　ऋतंभरा तत्र प्रज्ञा।

ṛtambharā tatra prajñā

ऋतंभरा *ṛtambharā*：普遍的真理に満ちた　तत्र *tatra*：そこで
प्रज्ञा *prajñā*：（サマーディ状態における）英知

その状態に至って、英知は普遍的真理で満たされる。

I-49 (111)　　श्रुतानुमान-प्रज्ञाभ्याम् अन्य-विषया विशेषार्थत्वात्।

śrutānumāna-prajñābhyām anya-viṣayā viśeṣārthatvāt

श्रुत *śruta*：伝承　अनुमान *anumāna*：推論　प्रज्ञाभ्याम् *prajñābhyām*：（これら二つに基づく）知識から（cf.110）अन्य *anya*：別の　विषया *viṣayā*：内容　विशेष *viśeṣa*：特定の　अर्थत्वात् *arthatvāt*：対象であるから

（その英知は）伝承、推論に基づく知識とは別ものである。なぜならそれらの知識は特定の対象に限定されているから。

I-50 (112)　　तज्जः संस्कारः अन्य-संस्कार-प्रतिबंधी।

tajjaḥ saṃskārāḥ anya-saṃskāra-pratibandhī

तत् *tat*：それ　जः *jaḥ*：～から生じた　संस्कारः *saṃskārāḥ*：潜在印象は
अन्य *anya*：他の　संस्कार saṃskāra：潜在印象
प्रतिबंधी *pratibandhī*：妨害するもの

それ（思考を超えた三昧）から生じた潜在印象は、他の一切の潜在印象の発生を阻止する。

I-51 (113)　　तस्यापि निरोधे सर्व-निरोधात् निर्बीजः समाधिः।

tasyāpi nirodhe sarva-nirodhāt nirbījaḥ samādhiḥ

तस्य *tasya*：これ　अपि *api*　:～さえも　निरोधे *nirodhe*：静止において
सर्व *sarva*：一切　निरोधात् *nirodhāt*：静止から
निर्बीजः *nirbījaḥ*：無種子　समाधिः *samādhiḥ*：サマーディ（三昧）

まさに有種子三昧が終わる時、全てが静止し、無種子三昧が現れる。

॥ साधन-पादः ॥ *sādhana* **第二章　実践**

II-1 (87)　तपः-स्वाध्यायेश्वर-प्रणिधानानि क्रियायोगः।

tapaḥ-svādhyāyeśvara-praṇidhānāni kriyāyogaḥ

तपः *tapaḥ*：苦行　स्वाध्याय *svādhyāya*：自己学習
ईश्वरप्रणिधानानि *īśvarapraṇidhānāni*：神への祈念
क्रियायोगः *kriyāyogaḥ*：クリヤーヨーガ（実践のヨーガ）

苦行、自己学習、神への祈念、これらをクリヤーヨーガと言う。

II-2 (88)　समाधि-भावनार्थः क्लेश-तनूकरणार्थश्च।

samādhi-bhāvanārthaḥ kleśa-tanūkaraṇārthaśca

समाधिः *samādhi*：サマーディを　भावन-अर्थः *bhāvana-arthaḥ*：もたらすため
क्लेश *kleśa*：苦悩　तनूकरण-अर्थः *tanūkaraṇa-arthaḥ*：弱めるため　च ca:又

(クリヤーヨーガの目的は)サマーディへの道筋を示し、苦悩(の原因)を弱めることである。

II-3 (12)　अविद्याऽस्मिता-राग-द्वेष-अभिनिवेशाः क्लेशाः।

avidyā'smitā-rāga-dveṣa-abhiniveśāḥ kleśāḥ

अविद्या *avidyā*：無知　अस्मिता *asmitā*：「私」という感覚　राग *rāga*：愛着
द्वेष *dveṣa*：憎悪　अभिनिवेशाः *abhiniveśāḥ*：生への執着　क्लेशाः *kleśāḥ*：苦悩

苦悩の原因は、(i) 無知、(ii)「私」という感覚、(iii) 愛着、(iv) 憎悪、(v) 生への執着である。

II-4 (13)　अविद्या क्षेत्रम् उत्तरेषां प्रसुप्त-तनु-विच्छिन्नोदाराणाम्।

avidyā kṣetram uttareṣāṃ prasupta-tanu-vicchinnodārāṇām

अविद्या *avidyā*：無知　क्षेत्रम् *kṣetram*：（苦悩の原因の）土壌
उत्तरेषां *uttareṣāṃ*：～よりなる　प्रसुप्त *prasupta*：休眠中の

तनु *tanu*：微弱な　विच्छिन्न *vicchinna*：断続的な活動状態の
उदाराणाम् *udārāṇām*：活発な活動状態の

無知は諸々の苦悩が生じる原因の土壌である。現時点において (i) 休眠中、(ii) 微弱、(iii) 断続的、(iv) 活発な状態のものがある。

II-5 (14)　अनित्याशुचि-दुःखानात्मसु नित्य-शुचि-सुखात्म-ख्यातिः अविद्या।

anityāśuci-duḥkhānātmasu nitya-śuci-sukhātma-khyātiḥ avidyā

अनित्य *anitya*：永続しない　अशुचि *aśuci*：不浄な　दुःख *duḥkha*：苦痛な
अनात्मसु *anātmasu*：我でないものに対して　नित्य *nitya*：永遠の
शुचि *śuci*：清浄な　सुख *sukha*：快適な　आत्म *ātma*：我と
ख्यातिः *khyātiḥ*：見なしてしまうこと　अविद्या *avidyā*：無知

無知とは、一時的なものを永遠なものと、不浄なものを清浄なものと、苦痛なものを快適なものと、我でないものを我と、見なしてしまうことである。

II-6 (15)　दृग्दर्शन-शक्त्योः एकात्मता इव अस्मिता।

dṛgdarśana-śaktyoḥ ekātmatā iva asmitā

दृग् *dṛg*：見るものと　दर्शन-शक्त्योः darśana-śaktyoḥ：見る力（ブッディ）
एकात्मता *ekātmatā*：同一視　इव iva：のように　अस्मिता *asmitā*：私感覚

「私」という感覚は、見る者（意識）と見る力（認識）とを同一視するところから現れる。

II-7 (16)　सुखानुशयी रागः।

sukhānuśayī rāgaḥ

सुख *sukha*：快楽　अनुशयी *anuśayī*：との結びつきから　रागः *rāgaḥ*：愛着
愛着は、快楽にしがみつくことから来る。

II-8 (17)　　दुःखानुशयी द्वेषः।

duḥkhānuśayī dveṣaḥ

दुःख *duḥkha*：苦痛　अनुशयी *ānuśayī*：〜の結びつきから
द्वेषः *dveṣaḥ*：憎悪

憎悪は、苦痛との結びつきから来る。

II-9 (18)　　स्व-रस-वाही विदुषोऽपि तथारूढोऽभिनिवेशः।

sva-rasa-vāhī viduṣo'pi tathārūḍho' bhiniveṣaḥ

स्व *sva*：自らの　रस rasa：好ましい感覚　वाही vāhī：を伴うことから
विदुषः *viduṣaḥ*：賢者　अपि api：〜にも　तथा *tathā*：そのように
रूढः *rūḍhaḥ*：根づいた　अभिनिवेशः *abhiniveṣaḥ*：生への執着

生への執着は、好ましい感覚を伴うので、賢者の間にも頑強に根づいている。

II-10 (19)　　ते प्रति-प्रसव-हेयाः सूक्ष्माः।

te prati-prasava-heyāḥ sūkṣmāḥ

ते *te*：これら　प्रति-प्रसव *prati-prasava*：本源への回帰（によって）
हेयाः *heyāḥ*：除去されるべき　सूक्ष्माः *sūkṣmāḥ*：微細な状態

これら（苦悩の原因）は、微細な状態の時に本源に立ち戻ることによって除去しうる。

II-11 (20)　　ध्यान-हेयाः तद् वृत्तयः।

dhyāna-heyāḥ tad vṛttayaḥ

ध्यान *dhyāna*：瞑想（によって）　हेयाः *heyāḥ*：除去されるべき
तद् *tad*：それらの　वृत्तयः *vṛttayaḥ*：（心の）働き

それら（苦悩の原因になるもの）の心の働きは、瞑想によって除去しうる。

II-12 (21)　क्लेश-मूलः कर्माशयो दृष्टादृष्ट-जन्म-वेदनीयः।

kleśa-mūlaḥ karmāśayo dṛṣṭādṛṣṭa-janma-vedanīyaḥ

क्लेश *kleśa*：苦悩　मूलः *mūlaḥ*：原因　कर्म *karma*：行為の
आशयः *āśayaḥ*：微細な印象　दृष्ट *dṛṣṭa*：現在　अदृष्ट *adṛṣṭa*：未来
जन्म *janma*：世で　वेदनीयः *vedanīyaḥ*：経験されるべき

過去世で作られたカルマから生じる微細な印象が苦悩の原因であり、その結果が現世もしくは来世における経験をもたらす。

II-13 (22)　सति मूले तद् विपाको जात्यायुर्भोगाः।

sati mūle tad vipāko jātyāyurbhogāḥ

सति *sati*：ある　मूले *mūle*：原因があると　तद् *tad*：それの　विपाकः *vipākaḥ*：結果　जाति *jāti*：出生　आयुः *āyuḥ*：人生　भोगाः *bhogāḥ*：（苦楽の）経験

原因があるかぎり、その結果として新たな生を受けることになり、その人生の中で、苦楽を経験する。

II-14 (23)　ते ह्लाद-परिताप-फलाः पुण्यापुण्य-हेतुत्वात्।

te hlāda-paritāpa-phalāḥ puṇyāpuṇya-hetutvātṃ

ते *te*：それら　ह्लाद *hlāda*：快楽と　परिताप paritāpa：苦
फलाः *phalāḥ*　：～の果実　पुण्य *puṇya*：善行と　अपुण्य *apuṇya*：悪行
हेतुत्वात् *hetutvāt*：～の原因から

それら（出自、寿命、経験）は、善行と悪行に応じた苦楽から生じる。

II-15 (24)　परिणाम-ताप-संस्कार-दुःखैः गुण-वृत्ति-विरोधात् च दुःखमेव सर्वं विवेकिनः।

pariṇāma-tāpa-saṃskāra-duḥkhaiḥ guṇa-vṛtti-virodhāt ca duḥkhameva sarvaṃ vivekinaḥ

परिणाम *pariṇāma*：変化(の結果)ताप tāpa：苦痛 संस्कार *saṃskāra*：潜

在印象 दुःखैः *duḥkhaiḥ* :の苦によって गुण *guṇa* :グナ वृत्ति *vṛtti* :動き विरोधात् *virodhāt* :〜の矛盾対立によって च *ca* :と दुःखम् *duḥkham* :苦 एव *eva* :だけ सर्वं *sarvaṃ* :一切は विवेकिनः *vivekinaḥ* :識別する者にとり

識別する者にとって、一切は苦である。何故なら快楽は、結局、苦痛をもたらすものであり、将来の苦を生じさせる潜在印象を作るに過ぎないからである。また、人の中にあって、それぞれのグナは、いつも相互に矛盾しあいながら働くからである。

II-16 (25)　　हेयं दुःखम् अनागतम्।

heyaṃ duḥkahm anāgatam

हेयं *heyaṃ*：避けられるべき　दुःखम् *duḥkahm*：苦悩
अनागतम् *anāgatam*：まだやって来ていない

まだ来ていない苦悩は回避すべきである。

II-17 (26)　　द्रष्टृ-दृश्ययोः-संयोगो हेय-हेतुः।

draṣṭṛ-dṛśyayo-saṃyogo-heya-hetuḥ

द्रष्टृ *draṣṭṛ*：見るもの（プルシャ）と　दृश्ययोः *dṛśyayoḥ* :見られるもの（プラクリティ）संयोगः *saṃyogaḥ*：〜の結合　हेय *heya*：避けられるべき
हेतुः *hetuḥ*：（苦の）原因

見るものと見られるものの結合こそ、回避さるべき苦の原因である。

II-18 (27)　　प्रकाश-क्रिया-स्थिति-शीलं भूतेन्द्रियात्मकं
भोगापवर्गार्थं दृश्यम्।

prakāśa-kriyā-sthiti-śīlaṃ bhūtendriyātmakaṃ

bhogāpavargārthaṃ dṛśyam

प्रकाश *prakāśa*：光明（サットヴァ）　क्रिया *kriyā*：活動（ラジャス）
स्थिति *sthiti*：惰性（タマス）शीलं *śīlaṃ*：〜の性質のある भूत *bhūta*：物質的要素　इन्द्रिय *indriya*：感覚器官 आत्मकं *ātmakaṃ* :〜からなる

भोग *bhoga*：（苦楽の）経験 अपवर्ग *apavarga*：解放 अर्थं *artham*：～のため
दृश्यम् *dṛśyam*：見られるもの（プラクリティ）

見られるものは、（グナの）光明、活動、惰性という三性質を有し、物質的要素と感覚器官からなり、（見るものが見られるものを）経験し、解放されるために（存在している）。

II-19 (28)　विशेषाविशेष-लिंगमात्रालिंगानि गुण-पर्वाणि।

viśeṣāviśeṣa-liṅgamātrāliṅgāni guṇa-parvāṇi

विशेष *viśeṣa*：特徴的な差異あり अविशेष *aviśeṣa*：特徴的な差異なし
लिंगमात्र *liṅgamātra*：標識あるもの अलिंगानि *aliṅgāni*：標識ないもの
गुण *guṇa*：グナの　पर्वाणि *parvāṇi*：（四）段階

グナには四段階があり、特徴的な差異があるものとないもの、原初的標識のあるものとないものがある。

II-20 (29)　द्रष्टा दृशिमात्रः शुद्धोऽपि प्रत्ययानुपश्यः।

draṣṭā dṛśimātraḥ śuddho'pi pratyayānupaśyaḥ

द्रष्टा *draṣṭā*：見るもの　दृशि *dṛśi*：純粋意識 -मात्रः *mātraḥ*：～のみ
शुद्धः *śuddhaḥ*：純粋な अपि *api*：～だけれども प्रत्यय *pratyaya*：想念
अनुपश्यः *anupaśyaḥ*：～を通してみるように現れる

見るものは見る性質あるのみ。常に純粋でありながらも、見る対象の色を帯びる。

II-21 (30)　तदर्थ एव दृश्यस्य आत्मा।

tadartha eva dṛśyasyātmā

तद् *tad*：それ(見るもの)　अर्थ *artha*：～のため　एव *eva*：だけ
दृश्यस्य *dṛśyasya*：見られるもの(プラクリティ)の　आत्मा *ātmā*：存在

見られる世界の存在は、ただ見るもののためだけにある。

II-22 (31)　कृतार्थं प्रति नष्टमपि अनष्टं तदन्य-साधारणत्वात्।

kṛtārthaṃ prati naṣṭamapi anaṣṭaṃ tadanya-sādhāraṇatvāt

कृत *kṛta*：達成した(人)　अर्थं *arthaṃ*：～の目的　प्रति *prati*：～に対して
नष्ट *naṣṭaṃ*：消滅した　अपि *api* だけ　अनष्टं *anaṣṭaṃ*：消滅していない　तत् *tat*：それ　अन्य *anya*：別の人　साधारणत्वात् *sādhāraṇatvāt*：共有されるから

(プラクリティの世界は)目的を達成した人には消滅しているが、それは(彼の周りの)他の人々と共有されているので、消滅しておらず、存続し続ける。

II-23 (32)　स्व-स्वामि-शक्त्योः स्वरूपोपलब्धि-हेतुः संयोगः।

sva-svāmi-śaktyoḥ svarūpopalabdhi-hetuḥ saṃyogaḥ

स्व *sva*：所有されるもの　स्वामि *svāmi*：所有者
शक्त्योः *śaktyoḥ*：～両者の力　स्वरूप *svarūpa*：自身の本性
उपलब्धि *upalabdhi*：理解　हेतुः *hetuḥ*：のため　संयोगः *saṃyogaḥ*：結合

所有されるものと所有するものの力の結合は、(所有するものが)自らの真の本性と世界の本性を知るためである。

II-24 (33)　तस्य हेतुः अविद्या।

tasya hetuḥ avidyā

तस्य *tasya*：その　हेतुः *hetuḥ*：原因　अविद्या *avidyā*：無知

その(意識要素と無意識要素との結合の)原因は無知である。

II-25 (34)　तदभावात् संयोगाभावो हानं तद् दृशेः कैवल्यम्।

tadabhāvāt saṃyogābhāvo, hānaṃ, tad dṛśeḥ kaivalyam

तद् *tad*：その(無知の)अभावात् *abhāvāt*：消滅から　संयोग *saṃyoga*：結合の
-अभावोः *ābhāvoḥ*：消滅　हानं *hānaṃ*,：除去（がある）तद् *tad*：そのとき
दृशेः *dṛśeḥ*：見るものの　कैवल्यम् *kaivalyam*：純粋絶対（独存）

無知が消滅すれば、(見るものと見られるものとの)結合もありえず、(苦悩の原因は)除去される。その時、見るものは純粋絶対者の形で存在する。

II-26 (35)　विवेक-ख्यातिः अविप्लवा हानोपायः।

viveka-khyātiḥ aviplavā hānopāyaḥ

विवेकख्यातिः *vivekakhyātiḥ* :識別的知識 अविप्लवा *aviplavā* :妨げられない
हानः *hānaḥ* : 除去　उपायः *upāyaḥ* : ～の方法

識別的知識に目覚めることが、妨げられることのない(苦悩の)除去方法である。

II-27 (36)　तस्य सप्तधा प्रान्तभूमिः प्रज्ञा।

tasya saptadhā prāntabhūmiḥ prajñā

तस्य *tasya* :彼（見るもの）の　सप्तधा *saptadhā* :七段階（を経て）
प्रान्त *prānta* :最終 भूमिः *bhūmiḥ* :段階　प्रज्ञा *prajñā* :悟り

見るものは七つの段階を経て、最高の段階である悟りに到達する。

II-28 (59)　योगांगानुष्ठानाद् अशुद्धिक्षये
ज्ञानदीप्तिःआविवेकख्यातेः।

yogāṅgānuṣṭhānād aśuddhi-kṣaye
jñānadīptiḥ āviveka-khyāteḥ

योग *yoga* :ヨーガ अङ्ग *aṅga* : 部門の अनुष्ठानाद् *anuṣṭhānād* :実践から
अशुद्धि *aśuddhi* :不浄の　क्षये *kṣaye* :除滅において　ज्ञान *jñāna* :知識の
दीप्तिः *dīptiḥ* : 光　आ ā : ～まで　विवेकख्यातेः *vivekakhyāteḥ* : 最終識別智（プルシャとプラクリティとの識別）

ヨーガ八部門の実践を通じて不浄が除滅されていくと、知識の光が灯り始め、最後には識別智にまで至る。

II-29 (60)　यम-नियमासन-प्राणायाम-प्रत्याहार-धारणा-
ध्यान- समाधयः अष्टौ अंगानि।

yama-niyamāsana-prāṇāyāma-pratyāhāra-dhāraṇā-
dhyāna-samādhayaḥ aṣṭau aṅgāni

यम *yama* :ヤマ(一般的戒律) नियम *niyama* :ニヤマ(個人的戒律) आसन *āsana* :アーサナ(坐法) प्राणायाम *prāṇāyāma* :プラーナーヤーマ(調気) प्रत्याहार *pratyāhāra* :プラティヤーハーラ(感覚を対象から引き戻すこと) धारणा *dhāraṇā* :ダーラナー(精神集中)ध्यान *dhyāna* :ディヤーナ(瞑想) समाधयः *samādhayaḥ* :サマーディ(三昧) अष्टौ *aṣṭau* :八 अङ्गानि *aṅgāni* :諸部門

ヨーガ八部門とは(i)ヤマ　(ii) ニヤマ　(iii) アーサナ　(iv) プラーナーヤーマ　(v) プラティヤーハーラ　(vi) ダーラナー (vii) ディヤーナ　(viii) サマーディ である。

II-30 (61)　अहिंसा-सत्यास्तेय-ब्रह्मचर्यापरिग्रहा यमाः।

ahiṃsā-satyāsteya-brahmacaryāparigrahā yamāḥ.

अहिंसा *ahiṃsā* :アヒンサー（非暴力） सत्य *satya* :サティヤ（正直） अस्तेय *asteya* :アステーヤ（盗まないこと） ब्रह्मचर्य *brahmacarya* :ブラフマチャルヤ（宇宙意識の生活） अपरिग्रहा *aparigrahā* :アパリグラハ（非所有） यमाः *yamāḥ* :ヤマ（一般的戒律）

ヤマとは(i)アヒンサー (ii)サティヤ (iii)アステーヤ (iv)ブラフマチャルヤ(v) アパリグラハである。

II-31 (62)　जाति-देश-काल-समयानवच्छिन्नाः सार्वभौमा महाव्रतम्।

jāti-deśa-kāla-samayānavacchinnāḥ sārvabhaumā mahāvratāḥ

जाति *jāti* :出自 देश *deśa* :場所 काल *kāla* :時代 समय *samaya* :時間 अनवच्छिन्नाः *anavacchinnāḥ* :〜に制約されず सार्वभौमाः *sārvabhaumāḥ* :全てに行き渡る महाव्रतम् *mahāvratam* : 大いなる誓

ヤマ(一般的戒律)は、出自、場所、時代、時間に制約されず、普遍的に適用されるので、大いなる誓いといわれる。

II-32 (63) शौच-संतोष-तपः-स्वाध्यायेश्वर-प्रणिधानानि नियमाः।

śauca-saṃtoṣa-tapaḥ-svādhyāyeśvara-praṇidhānāni niyamāḥ

शौच *śauca*：シャウチャ(清浄)　संतोष *saṃtoṣa*：サントーシャ（知足）
तपः *tapaḥ*：タパス(苦行)　स्वाध्याय *svādhya*：スヴァーディヤーヤ(自己学習)
ईश्वर-प्रणिधानानि *īśvarapraṇidhānāni*：イーシュヴァラ・プラニダーナ（神への祈念）　नियमाः *niyamāḥ*：ニヤマ（個人に向けた戒律）

ニヤマとは（i）シャウチャ（ii）サントーシャ（iii）タパス（iv）スヴァーディヤーヤ（v）イーシュヴァラ・プラニダーナである。

II-33 (64) वितर्क-बाधने प्रतिपक्ष-भावनम्।

vitarka-bādhane pratipakṣa-bhāvanam

वितर्क *vitarka*：疑惑　बाधने *bādhane*：～に悩まされたら
प्रतिपक्ष *pratipakṣa*：反対(のこと)　भावनम् *bhāvanam*：～を考えること

疑惑に襲われたら、（為すべきことは）その反対のことを考えることである。

II-34 (65) वितर्का हिंसादयः कृत-कारितानुमोदितालोभ-क्रोध-मोह-पूर्वका मृदु-मध्याधिमात्रा दुःखाज्ञानानन्तफला इति प्रतिपक्ष-भावनम्।

vitarkā hiṃsādayaḥ kṛta-kāritānumoditā lobha-krodha-moha- pūrvakā mṛdu-madhyādhimātrā duḥkhājñānānanta-phalā iti prati- pakṣa-bhāvanam

वितर्का *vitarkā*：邪悪な思い　हिंसा *hiṃsā*：暴力　आदयः *ādayaḥ*：～など
कृत *kṛta*：自ら為した（行為）　कारित *kārita*：他人にさせた（行為）
अनुमोदिता anumoditā：容認した（行為）　लोभ lobha：貪欲

क्रोध *krodha* :怒り　मोह *moha* :迷妄　पूर्वका *pūrvakā* :〜に基づいた
मृदु *mṛdu* :弱い　मध्य *madhya* :中位の　　अधिमात्रा *adhimātrā* :強い
दुःख *duḥkha* :苦悩 अज्ञान *ajñāna* :無知　अनन्त *ananta* :際限のない
फलाः *phalāḥ* :果実　इति *iti* :〜とそのように
प्रतिपक्ष *pratipakṣa* :反対のこと　भावनम् *bhāvanam* :〜を考えること

暴力などの邪悪な思い（や行為）には、自ら為したもの、他人にさせたもの、容認したものがある。それらは貪欲、怒り、迷妄に由来し、（現時点において）弱い、中位、強いがある。（そこで、これらの思いや行為は）苦悩と無知の際限なき果実をもたらすものだと、そのように反対のことを考える必要がある。

II-35 (66)　　अहिंसा-प्रतिष्ठायां तत्सन्निधौ वैर-त्यागः।

ahiṃsā-pratiṣṭhāyāṃ tatsannidhau vaira-tyāgaḥ

अहिंसा *ahiṃsā*：非暴力　　प्रतिष्ठायां *pratiṣṭhāyāṃ*：確立すると
तत् tat：その人の　सन्निधौ *sannidhau*：近くでは　वैर *vaira*：敵意の
त्यागः *tyāgaḥ*：放棄

非暴力で心がしっかり定まれば、その人の近くでは敵意が消滅する。

II-36 (67)　　सत्य-प्रतिष्ठायां क्रिया-फलाश्रयत्वम्।

satya-pratiṣṭhāyāṃ kriyā-phalāśrayatvam

सत्य *satya* :正直 प्रतिष्ठायां *pratiṣṭhāyāṃ* :確立すると क्रिया *kriyā* :行為の
फल *phala*：果実　आश्रयत्वम् *āśrayatvam*：（彼に）依拠すること

（ヨーガ者の中で）正直（な態度）が確立すると、彼の行為の果実は彼の拠り所となる。（彼の言行に合致した結果になる。）

II-37 (68)　　अस्तेय-प्रतिष्ठायां सर्व-रत्नोपस्थानम्।

asteya-pratiṣṭhāyāṃ sarva-ratnopasthānam

अस्तेय *asteya*：盗まないこと　प्रतिष्ठायां *pratiṣṭhāyāṃ*：確立すると

सर्व *sarva* :全ての रत्न *ratna* :宝石 उपस्थानम् *upasthānam* :現前すること

盗まないということが確立すると、全ての宝石（価値ある物）が（ヨーガ者の前に）立ち現れる。

II-38 (69)　ब्रह्मचर्य-प्रतिष्ठायां वीर्य-लाभः।

brahmacarya-pratiṣṭhāyāṃ vīrya-lābhaḥ

ब्रह्मचर्य *brahmacarya*：ブラフマチャルヤ（宇宙意識の生活）

प्रतिष्ठायां *pratiṣṭhāyāṃ* :確立すると वीर्य *vīrya* :活力の लाभः *lābhaḥ* :獲得

ブラフマンに即した生活が確立すると、活力が獲得される。

II-39 (70)　अपरिग्रह-स्थैर्ये जन्म-कथन्ता संबोधः।

aparigraha-sthairye janma-kathantā-saṃbodhaḥ

अपरिग्रह *aparigraha*：非所有の　स्थैर्ये *sthairye*：堅固さにおいて

जन्म *janma*：存在とは　कथन्ता *kathantā* :如何なるものか（についての）

संबोधः *saṃbodhaḥ*：知識

非所有が堅固に定まると、自分がどのように生れて来たのか、ということが判明する。

II-40 (71)　शौचात् स्वांग-जुगुप्सा परैः असंसर्गः।

śaucāt svāṅga-jugupsā paraiḥ asaṃsargaḥ

शौचात् *śaucāt*：清浄さから　स्वांग *svāṅga*：自身の肉体への

जुगुप्सा *jugupsā* :嫌悪 परैः *paraiḥ*：他人との असंसर्गः *asaṃsargaḥ* :非接触

（身体的）清浄の誓いから、自らの肉体と他者との接触への嫌悪感が生れる。

II-41 (72) सत्त्व-शुद्धि-सौमनस्यैकाग्र्येन्द्रियजयात्म-दर्शन-योग्यत्वानि च।

sattva-śuddhi-saumanasyaikāgryendriyajayātma-darśana-yogyatvāni ca.

सत्त्व-शुद्धि *sattvaśuddhi* :サットヴァの清浄さ　सौमनस्य *saumanasya* : 明朗性　एकाग्र्य *ekāgrya* :一点集中　इन्द्रियजय *indriyajaya* :感覚器官の統御　आत्म-दर्शन *ātmadarśana* :真我を見ること　योग्यत्वानि *yogyatvāni*: ～の能力　च *ca*: ～と

（ヨーガの実修により）人間本性の清浄さ、明朗性、一点集中、感覚器官の統御、真我を見る力がもたらされる。

II-42 (73) संतोषाद् अनुत्तमः सुखलाभः।

saṃtoṣād anuttamaḥ sukhalābhaḥ

सन्तोषाद् *santoṣād*: 知足から　अनुत्तमः *anuttamaḥ*: 無上の
सुख *sukha*: 幸福の　लाभः *lābhaḥ*: 獲得

足るを知ることから 無上の幸福がもたらされる。

II-43 (74) कायेन्द्रिय-सिद्धिः अशुद्धिक्षयात् तपसः।

kāyendriya-siddhiḥ aśuddhi-kṣayāt tapasaḥ

काय *kāya* :身体と　इन्द्रिय *indriya* :感覚器官の　सिद्धिः *siddhiḥ* :完成
अशुद्धिः *aśuddhi* :不浄 क्षयात् kṣayāt : 払拭から तपसः *tapasaḥ* :苦行から

苦行の実践と不浄の払拭から、身体と感覚器官の完成がもたらされる。

II-44 (75) स्वाध्यायाद् इष्ट-देवता-संप्रयोगः।

svādhyāyād iṣṭa-devatā-saṃprayogaḥ

स्वाध्यायाद् *svādhyāyād*：自己学習によって

इष्ट-देवता *iṣṭa-devatā*：守護神　संप्रयोग: *saṃprayogaḥ*：～との結合

自己学習によって、自らの守護神との結合が生じる。

II-45 (76)　　समाधि-सिद्धिः ईश्वर-प्रणिधानात्।

samādhi-siddhiḥ īśvara-praṇidhānāt

समाधि *samādhi*：サマーディ（三昧）の　सिद्धिः *siddhiḥ*：完成

ईश्वर-प्रणिधानात् *īśvara-praṇidhānāt*：神への祈念によって

神への祈念によって、サマーディの境地に到達する。

II-46 (77)　　स्थिर-सुखम् आसनम्।

sthira-sukham āsanam

स्थिर *sthira*：安定した सुखम् *sukham*：快適な आसनम् *āsanam*：アーサナ

アーサナ（坐法）は、安定し快適で（あるべきである）。

II-47 (78)　　प्रयत्न-शैथिल्यानन्त-समापत्तिभ्याम्।

prayatna-śaithilyānanta-samāpattibhyām

प्रयत्न *prayatna*：（姿勢維持の）努力の　शैथिल्य *śaithilya*：緩和

अनन्त *ananta*：無限なるものに　समापत्तिभ्याम् *samāpattibhyām*：瞑想で

（安定し快適なヨーガのアーサナは）努力を緩和して、無限なるものを瞑想することで達成される。

II-48 (79)　　ततो द्वन्द्वानभिघातः।

tato dvandvānabhighātaḥ

ततो *tato*：すると(アーサナを会得すると)　द्वन्द्व *dvandva*：両極の

अनभिघातः *anabhighātaḥ*：猛攻の不在

すると、両極の猛攻にさらされなくなる。

II-49 (80)　तस्मिन् सति श्वास-प्रश्वासयोः गति-विच्छेदः प्राणायामः।

tasmin sati śvāsa-praśvāsayoḥ gati-vicchedaḥ prāṇāyāmaḥ

तस्मिन् *tasmin*：そこで　सति *sati*：（達成）された　श्वास *śvāsa*：吸気と
प्रश्वासयोः *praśvāsayoḥ*：呼気　गति *gati*：動き　विच्छेदः *vicchedaḥ*：停止
प्राणायामः *prāṇāyāmaḥ*：プラーナーヤーマ（調気）

アーサナが仕上がってから、息を吸ったり吐いたりする動きを統御するのがプラーナーヤーマ（調気）である。

II-50 (81)　बाह्याभ्यन्तर-स्तम्भ-वृत्ति-देश-काल-संख्याभिः परिदृष्टो दीर्घ-सूक्ष्मः।

bāhyābhyantara-stambha-vṛtti-deśa-kāla-saṃkhyābhiḥ paridṛṣṭo dīrgha-sūkṣmaḥ

बाह्य *bāhya*：外への　अभ्यन्तर *abhyantara*：内への　स्तम्भ *stambha*：停止
वृत्तिः *vṛttiḥ*：種類　देश deśa：場所　काल *kāla*：時間
संख्याभिः *saṃkhyābhiḥ*：回数により　परिदृष्टो *paridṛṣṭo*：調整され
दीर्घ *dīrgha*：長い　सूक्ष्मः *sūkṣmaḥ*：短い

（プラーナーヤーマには）息を、外に吐き出す、内に吸い込む、また留めるなどの種類があり、場所、時間、回数で調整され、夫々長短もある。

II-51 (82)　बाह्याभ्यंतर-विषयाक्षेपी चतुर्थः।

bāhyābhyantara-viṣayakṣepī caturthaḥ

बाह्य *bāhya*：外の　अभ्यंतर abhyantara：内の　विषय viṣaya：境地
आक्षेपी *ākṣepī*：超える　चतुर्थः *caturthaḥ*：第四番目

（息を）外へ出す、内に入れるという境地を超えた、第四の調息（プラーナーヤーマ）がある。

II-52 (83)　ततः क्षीयते प्रकाशावरणम्।

tataḥ kṣīyate prakāśāvaraṇam

ततः *tataḥ*：そこで　क्षीयते *kṣīyate*：取り除かれる
प्रकाश *prakāśa*：光明の　आवरणम् *āvaraṇam*：覆い

そこで、内的な光明の覆いが取り除かれる。

II-53 (84)　धारणासु च योग्यता मनसः।

dhāraṇāsu ca yogyatā manasaḥ

धारणासु *dhāraṇāsu* :集中に対する　च *ca* :～も　योग्यता *yogyatā* :能力
मनसः *manasaḥ* :心の

そして心の集中力も（発達する）。

II-54 (85)　स्वविषयासंप्रयोगे चित्तस्य स्वरूपानुकार इव इंद्रियाणां प्रत्याहारः।

svaviṣayāsamprayoge cittasya svarūpānukāra iva indriyāṇām pratyāhāraḥ

स्वविषय svaviṣaya :自身の感覚対象　असंप्रयोगे *āsamprayoge* :～と結びつかない　चित्तस्य *cittasya* :個人意識の　स्वरूप *svarūpa* :それ自体の形
अनुकारः *anukāra* :～に似た　इव *iva* :～のような
इंद्रियाणां *indriyāṇām* :感覚器官の
प्रत्याहारः *pratyāhāraḥ*：プラティヤーハーラ（感覚器官の撤退）

プラティヤーハーラとは、感覚器官がその対象に結び付くことをなくすことで、個人意識それ自体が働くような形をとることである。

II-55 (86)　तत: परमावश्यतेंद्रियाणाम्।

tataḥ paramāvaśyatendriyāṇām

तत: *tataḥ* :そこで　परमा *paramā* :最高の　वश्यता *vaśyatā* :統制力
इंद्रियाणाम् *indriyāṇām* :感覚器官に対する

そこで感覚器官に対する最高の統制力が生じる。

॥ विभूति-पादः ॥ *vibhūti* 第三章　自在力

III-1 (89)　देशबन्धः चित्तस्य धारणा।

deśabandhaḥ cittasya dhāraṇā

देश *deśa*：場所　बन्धः *bandhaḥ*：固定すること　चित्तस्य *cittasya*：心の
धारणा dhāraṇā：ダーラナー（集中）

心を一つの所に固定しておくことがダーラナーである。

III-2 (90)　तत्र प्रत्ययैकतानता ध्यानम्।

tatra pratyayaikatānatā dhyānam.

तत्र *tatra*：その状態（ダーラナー）で　प्रत्यय *pratyaya*：想念
एकतानता *ekatānatā*：一つの対象に持続していくこと
ध्यानम् *dhyānam*：ディヤーナ（瞑想）

ダーラナーの状態で、想念を持続していくのがディヤーナである。

III-3 (91)　तदेव अर्थमात्र-निर्भासं स्वरूप-शून्यमिव समाधिः।

tadeva arthamātra-nirbhāsaṃ svarūpa śūnyamiva samādhiḥ.

तद्-एव *tad-eva*：その状態で　अर्थमात्र *arthamātra*：（瞑想の）対象だけ
निर्भासं *nirbhāsaṃ*：輝き出ること　स्वरूप *svarūpa*：意識それ自体
शून्यम् *śūnyam*：空　इव iva：～のような　समाधिः *samādhiḥ*：サマーディ

そのディヤーナで、（瞑想の）対象のみが光り輝き、意識それ自体は空のようになっている状態、それがサマーディである。

III-4 (92)　त्रयमेकत्र संयमः।

trayamekatra saṃyamaḥ

त्रयम् *trayam*：三者（ダーラナー、ディヤーナ、サマーディ）を
एकत्र *ekatra*：一つに　संयमः *saṃyamaḥ* サンヤマ

この三者をまとめてサンヤマと呼ぶ。

III-5 (93)　　तज् जयात् प्रज्ञाऽलोकः।

taj jayāt prajñālokaḥ

तत् *tat*：その（サンヤマ）　जयात् *jayāt*：達成から　प्रज्ञा *prajñā*：英知の
आलोक: *ālokaḥ*：光

サンヤマが達成されると、英知の光が現れる。

III-6 (94)　　तस्य भूमिषु विनियोगः।

tasya bhūmiṣu viniyogaḥ

तस्य *tasya*：その（サンヤマの）　भूमिषु *bhūmiṣu*：段階において
विनियोग: *viniyogaḥ*：適用

サンヤマは、(サマーディの) それぞれの段階において適用される。

III- 7 (95)　　त्रयम् अन्तरंगं पूर्वेभ्यः।

trayam antaraṅgam pūrvebhyaḥ

त्रयम् *trayam*：三つ（ダーラナー、ディヤーナ、サマーディ）
अन्तरंगं *antaraṅgam*：内部の　पूर्वेभ्य: *pūrvebhyaḥ*：前述（アーサナ、プラーナーヤーマ、プラティヤーハーラ）の部門に対して

（サンヤマの）三部門は、ヨーガの前述の部門に対比すると内的である。

III-8 (96)　　तदपि बहिरंगं निर्बीजस्य।

tadapi bahirangaṃ nirbījasya

तद् *tad*：それ　अपि *api*：～さえも　बहिरंगं *bahirangaṃ*：外部の
निर्बीजस्य *nirbījasya*：無種子三昧に対して

しかし、それさえも無種子に対比すれば、外的である。

III-9　व्युत्थाननिरोधसंस्कारयोः अभिभवप्रादुर्भावौ निरोधक्षण चित्तान्वयो निरोधपरिणामः ।

vyutthāna-nirodha-saṃskārayoḥ abhibhava-prādurbhāvau nirodhakṣaṇa cittānvayo nirodha-pariṇāmaḥ.

व्युत्थान *vyutthāna*：雑念と　निरोध *nirodha*：静止の
संस्कारयोः *saṃskārayoḥ*：潜在印象の　अभिभव *abhibhava*：消滅と
प्रादुर्भावौ *prādurbhāvau*：出現　निरोध-क्षण *nirodha-kṣaṇa*：静止の刹那に
चित्त *citta*：心が　अन्वयः *anvayaḥ*：結びつくこと
निरोध-परिणामः *nirodha-pariṇāmaḥ*：静止変化（ニローダパリナーマ）

雑念と静止の潜在印象が消滅出現する中で、静止の刹那に心が結びつくことが静止の変化である。

III-10　तस्य प्रशान्तवाहिता संस्कारात् ।

tasya praśānta-vāhitā saṃskārāt

तस्य *tasya*：それ（静止の変化）の　प्रशान्त *praśānta*：平穏な
वाहिता *vāhitā*：流れ　संस्कारात् *saṃskārāt*：潜在印象から

静止の変化の潜在印象（が繰り返し生起すること）によって、平穏な流れが生ずる。

III-11　सर्वार्थता एकाग्रतयोः क्षयोदयौ चित्तस्य समाधिपरिणामः ।

sarvārthatā ekāgratayoḥ kṣayodayau cittasya samādhi-pariṇāmaḥ

सर्वार्थता *sarvārthatā*：（心が）様々な対象に向いている状態と
एकाग्रतयोः *ekāgratayoḥ*：（心が）一つの対象に留まっている状態の
क्षय *kṣaya*：消滅　उदयौ *udayau*：生起が　चित्तस्य *cittasya*：心の
समाधि-परिणामः *samādhi-pariṇāmaḥ*：三昧変化（サマーディパリナーマ）

心が様々な対象に向いている状態と一つの対象に留まっている状態が現れたり消えたりするのが心の三昧変化である。

III-12　ततः पुनः शान्तोदितौ तुल्यप्रत्ययौ
चित्तस्यैकाग्रतापरिणामः।

tataḥ punaḥ śāntoditau tulya-pratyayau
cittasyaikāgratā-pariṇāmaḥ

ततः *tataḥ*：そのとき　पुनः *punaḥ*：再び　शान्त *śānta*：静まり
उदितौ *uditau*：生起が　तुल्य *tulya*：同じ
प्रत्ययौ *pratyayau*：(二つの) 想念が　चित्तस्य *cittasya*：心の
एकाग्रता-परिणामः *ekāgratā-pariṇāmaḥ*：一つの対象に留まる変化

静まった想念が、再び現れる想念と同じであるのが、心が一つの対象に留まる変化である。

III-13　एतेन भूतेन्द्रियेषु धर्मलक्षणावस्था परिणामा व्याख्याताः।

etena bhūtendriyeṣu dharma-lakṣaṇa-avasthā pariṇāmā vyākhyātāḥ

एतेन *etena*：以上により　भूत *bhūta*：物質元素
इन्द्रियेषु *indriyeṣu*：感覚器官において धर्म *dharma*：現象（ダルマ）の
लक्षणा *lakṣaṇā*：時機の　अवस्था *avasthāḥ*：状態の
परिणामाः *pariṇāmāḥ*：変化　व्याख्याताः *vyākhyātāḥ*：説明された

以上（の変化についての説明）により、物質元素と感覚器官についても現象（の基盤そのもの）の変化、（出現の）時機の変化、（その時点での）状態の変化が説明された。

III-14　शान्तोदिताव्यपदेश्यधर्मानुपाती धर्मी।

śāntoditāvyapadeśya-dharmānupātī dharmī

शान्त *śānta*：すでに静まった　उदित *udita*：今現れている अव्यपदेश्य *avyapadeśya*：これから現れるであろう धर्म *dharma*：現象は अनुपाती *anupātī*：基づいている धर्मी *dharmī*：現象表出の基盤となる実体

すでに静まり、今現れ、これから現れるであろう現象は、それらの現象を表出させる基盤となる一つの実体に基づいている。

III-15　क्रमान्यत्वं परिणामान्यत्वे हेतुः ।

kramānyatvaṃ pariṇāmānyatve hetuḥ

क्रम *krama*：（刹那から刹那への）連続　cf.刹那＝時間の最小単位
अन्यत्वं *anyatvaṃ*：違い　परिणाम *pariṇāma*：変化
अन्यत्वे *anyatve*：違いにおける　हेतुः *hetuḥ*：原因

変化の仕方に違いがあるのは、（その根底にある刹那の）連続の仕方に違いがあるからである。

III-16　परिणामत्रयसंयमाततीतानागत ज्ञानम् ।

pariṇāmatraya-saṃyamāt-atītānāgata jñānam

परिणाम *pariṇāma*：変化　त्रय *traya*：三種（ニローダ、サマーディ、エーカーグラター）の　संयमात् *saṃyamāt*：サンヤマによって　अतीत *atīta*：過去　अनागत *anāgata*：未来の　ज्ञानम् *jñānam*：知識

三種の変化にサンヤマを施すことによって、過去と未来の知識を得ることができる。

III-17　शब्दार्थप्रत्ययानाम् इतरेतराध्यासात्संकरः
तत्प्रविभागसंयमात् सर्वभूतरुतज्ञानम् ।

śabdārtha-pratyayānām itaretarādhyāsāt-saṃkaraḥ
tat-pravibhāga-saṃyamāt sarvabhūta-ruta-jñānam

शब्द *śabda*：言葉　अर्थ *artha*：意味　प्रत्ययानाम् *pratyayānām*：想念
इतरेतर *itaretara*：互いの　अध्यासात् *adhyāsāt*：絡み合いから
संकरः *saṃkaraḥ*：混乱　तत् *tat*：それらの　प्रविभाग *pravibhāga*：区別に
संयमात् *saṃyamāt*：サンヤマによって　सर्व *sarva*：全ての
भूत *bhūta*：生類の　रुत *ruta*：鳴き声の　ज्ञानम् *jñānam*：知識

言葉（音）と意味と想念が互いに絡まって、混乱が生じているので、それらの区別にサンヤマを施すことにより、あらゆる生物の鳴き声の意味を知ることができる。

III-18　संस्कारसाक्षात्करणात् पूर्वजातिज्ञानम् ।

saṃskāra-sākṣātkaraṇāt pūrva-jāti-jñānam

संस्कार *saṃskāra* ：潜在印象 साक्षात् *sākṣāt* ：直接に करणात् *karaṇāt* ：知覚することで पूर्वजाति *pūrva-jāti* ：前世の ज्ञानम् *jñānam* ：知識

潜在印象（にサンヤマを施し、それ）を直接知覚することによって、前世について知ることができる。

III-19　प्रत्ययस्य परचित्तज्ञानम् ।

pratyayasya para-citta-jñānam

प्रत्ययस्य *pratyayasya* ：想念の　पर *para* ：他人の　चित्त *citta* ：心の ज्ञानम् *jñānam* ：知識

想念に（サンヤマを施すことに）よって、他人の心を知ることができる。

III-20　न च तत् सालम्बनं तस्याविषयी भूतत्वात् ।

na ca tat sālambanaṃ tasya-aviṣayī bhūtatvāt

न *na* ：ではない　च *ca* ：しかし　तत् *tat* ：それは
सालम्बनं *sa-ālambanam* ：拠り所を伴う तस्य *tasyaḥ* ：その अविषयी *aviṣayī* ：対象ではないこと भूतत्वात् *bhūtatvāt* ：～となるから

しかし、それ（サンヤマによって得られた他人の心のイメージ）には、拠り所（背景、理由）となる対象がないから、サンヤマの対象とはならない。

III-21　कायरूपसंयमात् तद्ग्राह्यशक्तिस्तम्भे चक्षुः प्रकाशासंप्रयोगे अन्तर्धानम् ।

kāya-rūpa-saṃyamāt tad-grāhyaśakti-stambhe cakṣuḥ prakāśāsaṃprayoge antardhānam

काय *kāya*：身体の रूप *rūpa*：姿に संयमात्*saṃyamāt*：サンヤマにより
तत् *tat*：それを ग्रह्य *grāhya*：捉えるべき शक्ति *śakti*：能力の
स्तम्भे*stambhe*：停止において चक्षुः *cakṣuḥ*：目と प्रकाश *prakāśa*：光
असंप्रयोगे *asaṃprayoge*：～との非結合のために
अन्तर्धानम् *antardhānam*：消失

（自らの）姿にサンヤマを施すことで、（相手の）目と（自らの体からの）光が結びつかなくなるため、（相手が）その姿を捉えることができなくなり、自分自身の姿は見えなくなる。

III-22　　एतेन शब्दाद्यन्तर्धानमुक्तम् ।

etena śbdādyantardhānamuktam

एतेन *etena*：これによって शब्द *śabda*：音声 आदि *ādi*：などの
अन्तर्धानम् *antardhānam*：消失 उक्तम् *ukutam*：述べられた

これによって音声などの消失も説明された。

III-23　　सोपक्रमं निरुपक्रमं च कर्म तत्संयमात्
अपरान्तज्ञानम् अरिष्टेभ्यो वा।

sopakramaṃ nirupa-kramaṃ ca karma tatsaṃyamāt
aparāntajñānam ariṣṭebhyo vā

सउपक्रमं*sopakramaṃ*：開始のある निरुपक्रमं*nirupakramaṃ*：開始のない
च *ca*：～と कर्म *karma*：行為 तत् *tat*：それに संयमात *saṃyamāt*：サンヤマにより अपरान्त *aparānta*：死期の ज्ञानम् *jñānam*：知識 अरिष्टेभ्यो *ariṣṭebyaḥ*：死の前兆から वा *vā*：または
行為には（その結果がすぐに）現れるものと、そうでないものがあるが、それら（の行為の結果）にサンヤマを施すことによって、死期を知ることができる。もっとも、（別の）死の前兆からも知られるが。

III-24　मैत्र्यादिषु बलानि ।

maitryādiṣu balāni

मैत्री *maitrī*： 幸福な者への友情　आदीषु *ādiṣu*： ～などにおける
बलानि *balāni*： 力

幸福な者への友情などに（サンヤマを施すことによって、それぞれの性質に応じた）力を得ることができる。

III-25　बलेषु हस्तिबलादीनी ।

baleṣu hastibalādīnī

बलेषु *baleṣu* ：力に हस्ति *hasti*：象の बल *bala* ：力 आदीनी *ādīnī* :など

象などの力に（サンヤマを施すことにより）その対象に応じた力を得ることができる。

III-26　प्रवृत्त्यालोकन्यासात् सूक्ष्मव्यवहित विप्रकृष्टज्ञानम्।

pravṛtty-āloka-nyāsāt sūkṣmā-vyāvahita viprakṛṣṭa-jñānam

प्रवृत्ति *pravṛtti* ：出現 आलोक *āloka* :光　न्यासात् *nyāsāt* ：照射することによって सूक्ष्म *sūkṣma* ：微細な（もの）व्यवहित *vyavahita* ：隠された（もの）विप्रकृष्ट *viprakṛṣṭa*：遠く離れた　ज्ञानम् *jñānam* ：知識

（心の中から）現れる光を（対象に）照射することで、微細なもの、隠されたもの、遠く離れたものを知ることができる。

III-27　भुवनज्ञानं सूर्येसंयमात् ।

bhuvana-jñānaṃ sūrye-saṃyamāt

भुवन *bhuvana* ：太陽系の　ज्ञानं *jñānam* ：知識を　सूर्ये *sūrye* ：太陽に
संयमात् *saṃyamāt* ： サンヤマによって

太陽にサンヤマを施すことによって太陽系を知ることができる。

III-28　चन्द्रे तारव्यूहज्ञानम् ।

candre tāravyūha-jñānam

चन्द्रे *candre*:月に तार *tāra*:星の व्यूह *vyūha*:配置の ज्ञानम् *jñānam*:知識

月に(サンヤマを施すこと)により、星の配置を知ることができる。

III-29　ध्रुवे तद्गतिज्ञानम् ।

dhruve tadgati-jñānam

ध्रुवे *dhruve*:北極星に तत् *tat*:それら(星々)の गति *gati*:運行の ज्ञानम् *jñānam*:知識

北極星に(サンヤマを施すことに)よって、星々の運行を知ることができる。

III-30　नाभिचक्रे कायव्यूहज्ञानम् ।

nābhicakre kāyavyūha-jñānam

नाभि *nābhi*:臍の चक्रे:*cakre*:輪に काय *kāya*:身体の व्यूह *vyūha*:配置(組織)の ज्ञानम् *jñānam*:知識

臍の輪に(サンヤマを施すことに)よって身体の仕組みを知ることができる。

III-31　कन्ठकूपे क्षुत्पिपासा निवृत्तिः ।

kaṇṭha-kūpe kṣutpipāsā nivṛttiḥ

कन्ठकूपे *kaṇtha-kūpe*:喉の穴に क्षुध *kṣudh*:飢えと त्पिपासा *pipāsā*:渇きを निवृत्तिः *nivṛttiḥ*:止めること

喉の穴に(サンヤマを施すことに)よって、飢えと渇きを止めることができる。

III-32　कूर्मनाड्यां स्थैर्यम् ।

kūrma-nāḍyāṃ sthairyam

कूर्म-नाड्याम् *kūrma-nāḍyām* ：亀の形の管に स्थैर्यम् *sthairyam* ：堅固さ

亀の形の管に（サンヤマを施すと）、（身体は）揺るがぬものとなる。

III -33　　मूर्धज्योतिषि सिद्धदर्शनम् ।

mūrdha-jyotiṣi siddha-darśanam

mūrdha :頭頂部の *jyotiṣi* :光に *siddha* :超能力者を *darśanam*:見ること

頭頂部の光に（サンヤマを施すと）、超能力を持つものを見ることができる。

III-34　　प्रातिभाद्वा सर्वम् ।

prātibhād-vā sarvam

प्रातिभात् *prātibhāt* :直観により वा *vā* ：あるいは सर्वम् *sarvam* ：全て

あるいは直観によっても全て（の知識）を（得ることができる）。

III-35　　हृदये चित्तसंवित् ।

hṛdaye citta-saṃvit

हृदये *hṛdaye* ： 心臓に　 चित्त *citta* ： 心（チッタ）
संवित् *saṃvit* ： ～に関する理解

心臓に（サンヤマを施すことで）、心を理解することができる。

III-36　　सत्त्वपुरुषयोः अत्यन्तासंकीर्णयोः प्रत्ययाविशेषोभोगः परार्थत्वात्स्वार्थसंयमात् पुरुषज्ञानम् ।

sattva-puruṣayoḥ atyantā-saṃkīrṇayoḥ pratyayāviśeṣo-bhogaḥ

para-arthat-vāt-sva-arthasaṃyamāt puruṣa-jñānam

सत्त्व *sattva* ：サットヴァ पुरुषयोः*puruṣayoḥ* ：プルシャの　 अत्यन्त *atyanta* :絶対に असंकीर्णयोः *a-saṃ-kīrṇayoḥ* ：（二者の混在がないこと）
प्रत्यय *pratyaya* :認識　 अविशेषः *aviśeṣaḥ* ：差異がないこと　 भोगः

bhogaḥ ：経験 पर *para*：別の अर्थत्वात्*arthatvāt* ：対象(サットヴァ)から स्व *sva* ：本来の自己（プルシャ）अर्थ *artha* ：対象に संयमात् *saṃyamāt*：サンヤマによって　पुरुष *puruṣa* ：プルシャの ज्ञानम् *jñānam* ：知識

サットヴァとプルシャは絶対に混じり合わないのに、その二つを同じものと考えるのが経験である。他のもの（サットヴァ）から離れて本来の自己（プルシャ）にサンヤマを施すことにより、プルシャを知ることができる。

III-37　ततः प्रातिभश्रावणवेदनादर्शास्वादवार्ता जायन्ते ।

tataḥ prātibha-srāvāṇa-vedana-ādarśa-āsvāda-vārtā jāyante

ततः *tataḥ* ：そこから प्रातिभ*prātibha* ：直観的な श्रावण *śrāvaṇaḥ* ：聴覚 वेदन *vedana* ：触覚　आदर्श *ādarśa* ：視覚　आस्वाद *āsvāda* ：味覚 वार्ता *vārtā* ：嗅覚　जायन्ते *jāyante* ：生まれる

そこ（プルシャにサンヤマを施すこと）から、直観的な聴覚、触覚、視覚、味覚、嗅覚が生じる。

III-38　ते समाधावुपसर्गाव्युत्थाने सिद्धयः ।

te samādhāv-upasargā-vyutthāne siddhayaḥ

ते *te* ：それらは समाधौ *samādhau* ：三昧状態では
उपसर्गाः *upasargāḥ* ：障害　व्युत्थाने *vyutthāne* ：覚醒状態において
सिद्धयः *siddhayaḥ* ：超自然的力

それら（直観的知覚）は、三昧状態では障害となる。心が覚醒状態にある時は、超自然的力ではあるが。

III-39　बन्धकारणशैथिल्यात् प्रचारसंवेदनाच्च चित्तस्य परशरीरावेशः ।

badnha-kāraṇa-śaithilyāt pracāra-saṃvedanācca cittasya paraśarīrāveśaḥ

बन्ध *bandha*：結びつきの　कारण *kāraṇa*：原因の
शैथिल्यात् *śaithilyāt*：弱くなることによって　प्रचार *pracāra*：道筋の
संवेदनात् *saṃvedanāt*：知識によって　च *ca*：〜も　चित्तस्य *cittasya*：心の
पर *para*：他人の　शरीर *śarīra*：身体に　आवेशः *āveśaḥ*：入ること

（心を身体に）結びつける原因となるものを弱め、（心が身体から）抜け出す道筋を知ることで、（ヨーガ者の）心は他者の身体の中に入り込むことができる。

III-40　उदानजयाज्जलपङ्ककण्टकादिषु असङ्गोऽत्क्रान्तिश्च ।

udāna-jayāj jala-paṅka-kaṇṭakādiṣv-asaṅgo-'tkrāntiśca

उदान *udāna*：ウダーナ気（五気の一）の　जयात् *jayāt*：支配によって
जल *jala*：水　पङ्क *paṅkha*：泥沼　कण्टक *kaṇṭaka*：棘（いばら）
आदिषु *ādiṣu*：などの　असङ्गः *asaṅgaḥ*：抵抗を受けずに
उत्क्रान्तिः *utkrānti*：上昇（脱出）　च *ca*：また

ウダーナ気を支配することによって、水、泥沼、棘などに触れることなく（それらから）脱出することができる。

III-41　समानजयाज्ज्वलनम् ।

samāna-jayāj-jvalanam

समान *samāna*：サマーナ気（五気の一）の　जयात् *jayāt*：支配により
जवलनम् *jvalanam*：火

サマーナ気を支配することによって、火を発することができる。

III-42　श्रोत्राकाशयोः संबन्धसंयमात् दिव्यं श्रोत्रम् ।

śrotra-ākāśayoḥ saṃbandha-saṃyamāt divyaṃ śrotram

श्रोत्र *śrotra*：耳と　आकाशयोः *ākāśayoḥ*：空間（エーテル）
संबन्ध *saṃbandha*：結びつきに　संयमात् *saṃyamāt*：サンヤマにより
दिव्यं *divyam*：神（超自然）の　श्रोत्रम् *śrotram*：耳

耳と空間との結びつきにサンヤマを施すことで、神の耳を得ることができる。

III-43　कायाकाशयोः संबन्धसंयमात् लघुतूलसमापत्तेश्चाकाश गमनम् ।

kāyākāśayoḥ saṃbandha-saṃyamāt laghu-tūla-samāpatteśca-ākāśa gamanam

काय *kāya*：身体　आकाशयोः *ākāśayoḥ*：空間(エーテル)の संबन्ध *saṃbandha*：結びつきに संयमात् *saṃyamāt*：サンヤマによって लघु *laghu*：軽い तूल *tūla*：綿毛に समापत्तेः *samāpatteḥ*：合一することから च *ca*：また　आकाश *ākāśa*：空間を　गमनम् *gamanam*：行くこと

身体と空間との結びつきにサンヤマを施して、軽い綿毛に（心を）合一させることにより空間を渡ることができる。

III-44　बहिरकल्पिता वृत्तिर्महाविदेहा ततः प्रकाशावरणक्षयः ।

bahir-akalpitā vṛttirmahā-videhā tataḥ prakāśa-āvaraṇa-kṣayaḥ

बहिः *bahiḥ*：（身体の）外での　अकल्पिता *akalpitā*：想像ではない वृत्तिः *vṛttiḥ*：（意識）活動 महाविदेहा *mahāvidehā*：大いなる離身 ततः *tataḥ*：それによって प्रकाश *prakāśa*：光の आवरण *āvaraṇa*：覆いの क्षयः *kṣayaḥ*：破壊

想像上ではなく（実際に）意識活動が身体の外で行われることを「大いなる離身」という。これがなされることにより（宇宙意識の）光を覆うものが破壊される。

III-45　स्थूलस्वरूपसूक्ष्मान्वयार्थवत्त्वसंयमाद् भूतजयः ।

sthūla-svarūpa-sūkṣma-anvaya-arthavattva-saṃyamād bhūtajayaḥ

स्थूल *sthūla*：粗大な（面） स्वरूप *svarūpa*：本性 सूक्ष्म *sūkṣma*：微細な（面） अन्वय *anvaya*：構成（グナが世界の構成原理の基盤であるこ

と）अर्थवत्त्व *arthavattva* ：合目的性に संयमात् *saṃyamāt* ：サンヤマによって भूत *bhūta* ：五大元素を（地水火風空）जयः *jayaḥ* ：支配

（世界の構成原理の）粗大な面、本性、微細な面、（グナの）構成、合目的性にサンヤマを施すことによって五大元素を支配できる。

III-46　ततोऽणिमादिप्रादुर्भावः कायसंपत् तद्धर्मानभिघातश्च ।

tato-'ṇimādi-prādurbhāvaḥ kāyasaṃpat tad-dharmānabhighātaśca

ततः *tataḥ* ：それで अणिमन् *aṇiman* ：微細化（身体を縮小する能力）
आदि *ādi* ：などの　प्रादुर्भावः *prādurbhāvaḥ* ：出現（があり）
काय *kāya* ：身体の सम्पत् *saṃpat* ：完成 तद् *tad* ：それ(身体）の
धर्म *dharma* ：機能に अनभिघातः*anabhighātaḥ* ：障害のない च *ca* ：また

それ（五大元素の支配）によって身体を縮小させる能力などが現われ、身体が完成され、その身体の機能に障害を受けることはない。

III-47　रूपलावण्यबलवज्रसंहननत्वानि कायसंपत् ।

rūpa-lāvaṇya-bala-vajra-saṃhananatvāni kāyasaṃpat

रूप *rūpa* ：美しさ लावण्य *lāvaṇya* ：優雅さ बल *bala* ：力
वज्र *vajra* ：ダイヤモンドの　संहननत्वानि *saṃhana-natvāni* ：堅固さ
काय *kāya* ：身体の　सम्पत् *saṃpat* ：完成

完成された身体は、美しく、優雅で、強力で、ダイヤモンドのように堅固である。

III-48　ग्रहणस्वरूपास्मितान्वयार्थवत्त्वसंयमात् इन्द्रिय-जयः ।

grahaṇa-svarūpa-asmitā-anvaya-arthavattva-saṃyamāt indriya -jayaḥ

ग्रहण *grahaṇa* ：（諸器官の）知覚作用　स्वरूप *svarūpa* ：本性
अस्मिता *asmitā* ：自我　अन्वय *anvaya* ：連結（自我とグナとの）
अर्थवत्त्व *arthavattva* ：合目的性に संयमात् *saṃyamāt* ：サンヤマから
इन्द्रिय-जयः *indriya-jayaḥ* ：感覚器官の支配

知覚、本性、自我、（グナとの）連結、合目的性にサンヤマを施すことによって感覚器官を支配することができる。

III-49　ततो मनोजवित्वं विकरणभावः प्रधानजयश्च ।

tato mano-javitvaṃ vikaraṇa-bhāvaḥ pradhāna-jayaś-ca

ततः *tataḥ* ：そこから　मनः *manaḥ* ：心（マナス）の
जवित्वं *javitvaṃ* ：速さで　विकरण *vikaraṇa* ：感覚器官を離れた（状態）
भावः *bhāvaḥ* ：～になること　प्रधान *pradhāna* ：根本原質（＝プラクリティ）の　जयः *jayah* ：支配　च *ca* ：～と

そのとき（感覚器官を支配した時）、心のように素早く感覚器官によらずに知覚できるようになり、根本原質を支配できる。

III-50　सत्त्वपुरुषान्यताख्यातिमात्रस्य सर्वभावाधिष्ठातृत्वं सर्वज्ञातृत्वं च।

sattva-puruṣa-anyatā-khyātimātrasya sarva-bhāvā-adhiṣṭhātṛtvaṃ sarva-jñātṛtvaṃ ca.

सत्त्व *sattva* ：サットヴァ（ブッディ）　पुरुष *puruṣa* ：プルシャの
अन्यता *anyatā* ：違いの　ख्याति *khyāti* ：知識　मात्रस्य *mātrasya* ：だけが
सर्व *sarva* ：全ての　भाव *bhāva* ：存在の
अधिष्ठातृत्वं *adhiṣṭhātṛtvaṃ* ：支配者であること　सर्व *sarva* ：すべてを
ज्ञातृत्वं *jñātṛtvam* ：知るものであること　च *ca* ：～と

サットヴァとプルシャの違いを識別する者だけが、全ての存在の支配者であり、全てを知る者である。

III-51　तद्वैराग्यादपि दोषबीजक्षये कैवल्यम् ।

tad-vairāgyād-api doṣa-bīja-kṣaye kaivalyam

तद् *tad*：それら(超越的な力へ)の वैराग्याद् *vairāgyād*：無執着から अपि *api*：〜さえも दोष *doṣa*：欠陥（囚われること）の बीज *bīja*：種子の क्षये *kṣaye*：消滅において　कैवल्यम् *kaivalyam*：純粋絶対(独存)

それら（超自然的な力）に対してさえも執着が無くなると、その囚われの種子が消え、純粋絶対が現れる。

III-52　स्थान्युपनिमन्त्रणे सङ्गस्मयाकरणं पुनरनिष्टप्रसङ्गात् ।

sthāny-upa-nimantraṇe saṅga-smaya-akaraṇaṃ punar-aniṣṭa-prasaṅgāt

स्थानि *sthāni*：天人たちの　उपनिमन्त्रणे *upanimantraṇe*：誘いに
सङ्ग *saṅga*：愛着　स्मय *smaya*：誇りを　अकरणं *akaraṇaṃ*：行わないこと पुनः *punaḥ*：再び　अनिष्ट *aniṣṭa*：望まないこと प्रसङ्गात् *prasaṅgāt*：出来事（がある）から

天人たちの誘いに愛着や誇りを持ってはいけない。再び望まないことが起こるから。

III-53　क्षणतत्क्रमयोः संयमाद् विवेकजं ज्ञानम् ।

kṣaṇa-tat-kramayoḥ saṃyamāt vivekajaṃ-jñānam

क्षण *kṣaṇa*：刹那と　तत् *tat*：その
क्रमयोः *kramayoḥ*：（刹那から刹那への流れの）連続に
संयमाद् *saṃyamāt*：サンヤマによって　विवेक *viveka*：識別から
जं *jam*：生じる　ज्ञानम् *jñānam*：知識（智）

（刹那とその流れの）連続にサンヤマを施すことによって、識別から生じる智が現れる。

III-54　जातिलक्षणदेशैः अन्यतानवच्छेदात् तुल्ययोः
ततः प्रतिपत्तिः ।

jāti-lakṣaṇa-deśaiḥ anyatā-anavacchedāt tulyayoḥ
tataḥ pratipattiḥ

जाति *jāti* :種　लक्षण *lakṣaṇa* :特徴　देशैः *deśaiḥ* :場所の
अन्यता *anyatā* :差異を अनवच्छेदात् *anavacchedāt* :区別できないことによって तुल्ययोः *tulyayoḥ* :二つの似ているものが ततः *tataḥ* :それ（識別から生じる智）によって प्रतिपत्तिः *pratipattiḥ* :（区別の）認識

それによって、種類、特徴、位置が似ていて区別できなかったものを見分けられるようになる。

III-55 तारकं सर्वविषयं सर्वथाविषयमक्रमंचेति विवेकजं ज्ञानम् ।

tārakaṃ sarva-viṣayaṃ sarvathā-viṣayam-akramaṃ-ceti vivekajaṃ jñānam

तारकं *tārakam* :解放に導くもの सर्वविषयं*sarvaviṣayam* :すべての対象
सर्वथाबिषयं*sarvathāviṣayam*:すべての対象の在り方 अक्रमं *akramam* :(刹那の)連続のない च *ca* :～と इति *iti* :以上のように　विवेक *viveka* :
識別から　जं *jam* :生じる ज्ञानम् *jñānam* :知識（智）

識別から生じる智は、解放に導くものであり、すべての対象とその在り方に及び、時間の流れを超えたものである。

III-56　सत्त्वपुरुषयोः शुद्धिसाम्ये कैवल्यम् ।

sattva-puruṣayoḥ śuddhisāmye kaivalyam

सत्त्व *sattva* : サットヴァと　पुरुषयोः *puruṣayoh* : プルシャの
शुद्धि *śuddhi* : 清浄さの　साम्ये *sāmye* : 同等性において
कैवल्यम् *kaivalyam* : 純粋絶対(独存)

サットヴァとプルシャの清浄さが同じになれば純粋絶対が生じる。

॥ कैवल्य-पादः ॥ *kaivalyam*　　第四章　純粋絶対

IV-1　जन्मौषधिमन्त्रतपस्समाधिजाः सिद्धयः ।

janmauṣadhi-mantra-tapas-samādhi-jāḥ siddhayaḥ

जन्म *janma*：生まれつき　ओषधि *oṣadhi*：薬草　मन्त्र *mantra*：マントラ
तपः *tapaḥ*：苦行　समाधि *samādhi*：三昧　जाः *jāḥ*：〜より生まれた
सिद्धयः *siddhiyaḥ*：様々な超自然力

様々な超自然力は、生まれつき、薬草、マントラ、苦行、三昧から生まれる。

IV-2　जात्यन्तरपरिणामः प्रकृत्यापूरात् ।

jāty-antara-pariṇāmaḥ prakṛty-āpūrāt

जाति *jāti*：種への　अन्तर *antara*：別の　-परिनामः *pariṇāmaḥ*：変化
प्रक्रित्या *prakṛtyā*：プラクリティの　आपूरात् *āpūrāt*：溢れ出すことから

別種の形態への変化はプラクリティが溢れ出すことから（生ずる）。

IV-3　निमित्तमप्रयोजकं प्रकृतीनांवरणभेदस्तु ततः क्षेत्रिकवत् ।

nimittam-aprayojakaṃ　prakṛtīnāṃ-varaṇa-bhedastu tataḥ kṣetrikavat

निमित्तं *nimittaṃ*：動機（副次的要因）が　अप्रयोजकं *aprayojakaṃ*：引き起こすのではない　प्रकृतीनां *prakṛtināṃ*：プラクリティの　वरण *varaṇa*：妨げとなるもの（堰）を　भेदः *bheda*：破ること　तु tu：しかし
ततः *tataḥ*：それにより　क्षेत्रिकवत् *kṣetrikavat*：農夫のように

しかし、（行為に当たるときの）動機が、（別種の形態への）変化を引き起こすのではなく、それは、農夫が堰を破る（ことで土壌に水を引き入れる）ように、プラクリティの流れを堰き止めているものを取り除くだけである。

IV-4　निर्माणचित्तान्यस्मितामात्रात् ।

nirmāṇa-cittāny-asmitā-mātrāt

निर्माण *nirmāṇa*：作り出される　चित्तानि *cittāni*：心

अस्मिता *asmitāḥ*：「私」という感覚　मात्रात् *mātrāt*：単なる～から

様々に作り出される心は、「私」という感覚だけから生じる。

IV-5　प्रवृत्तिभेदे प्रयोजकं चित्तमेकमनेकेषाम् ।

pravṛtti-bhede prayojakaṃ cittam-ekam-anekeṣām

प्रवृत्ति *pravṛtti*：活動　भेदे *bhede*：違いにおいて

प्रयोजकं *prayojakam*：～を引き起こす　चित्तं *cittam*：心

एक *ekam*：一つ　अनेकेषाम् *anekeṣām*：多くの

多くの（作り出された心による）活動は様々であるが、それらを引き起こすのは（元の）一つの心である。

IV-6　तत्र ध्यानजमनाशयम् ।

tatra dhyānajam-anāśayam

तत्र *tatra*：そこに　ध्यान *dhyāna*：瞑想　जम् *jam*：～から生じた

अनाशयम् *anāśayam*：（潜在印象の）蓄積がないこと

瞑想から生じたものは、そこ（心）に（行為を生む）潜在印象を蓄積させない。

IV-7　कर्माशुक्लाकृष्णं योगिनः त्रिविधमितरेषाम् ।

karma-aśukla-akṛṣṇaṃ yoginaḥ trividham-itareṣām

कर्म *karma*：行為　अशुक्ल *aśukla*：白くない（良くない）

अकृष्णं *akṛṣṇaṃ*：黒くない（悪くない）　योगिनः *yoginaḥ*：ヨーガ者の

त्रिविधं *tri-vidhaṃ*：三様（白、黒、中間）　इतरेषाम् *itareṣām*：他の人々の

ヨーガ者の行為は白くも黒くもない。他の人々のそれは三様である。

IV-8　ततः तद्विपाकानु गुणानामेवाभिव्यक्तिः वासनानाम् ।

tataḥ tad-vipākānuguṇānām-evābhivyaktiḥ vāsanānām

ततः *tataḥ*：そこ（三様の行為）から　तद् *tad*：それらの
विपाक *vipāka*：（行為の結果が）成熟すること
अनुगुणानाम् *anuguṇānūaīām*：相応の　एव *eva*：だけ
अभिव्यक्तिः*abhivyaktiḥ*：出現 वासनानाम् *vāsanānām*：種々の潜在願望の

そこから、その行為の結果が成熟して（周囲の状況に）相応したときだけ、潜在願望が出現する。

IV-9　जाति देश काल व्यवहितानाम् अप्यानन्तर्यं स्मृतिसंस्कारयोः एकरूपत्वात् ।

jāti deśa kāla vyavahitānām-apy-āntaryaṃ smṛti-saṃskārayoḥ ekarūpatvāt

जाति *jāti*：生まれ　देश *deśa*：場所　काल *kāla*：時間
व्यवहितानाम् *vyavahitānāṃ*：隔てられた　अपि *api*：たとえ〜でも
आनन्तर्यम् *ānantaryaṃ*：一貫性があること　स्मृति *smṛti*：記憶と
संस्कारयोः *saṃskārayoḥ*：潜在印象との एकरूपत्वात् *ekarūpatvāt*：同一性によって

それら（の願望）がたとえ隔たった生まれ、場所、時間（に現れ）ても、一貫性があるのは記憶と潜在印象の同一性が保たれているから。

IV-10　तासामनादित्वं चाशिषो नित्यत्वात् ।

tāsām-anāditvaṃ cāśiṣo nityatvāt

तासां *tāsām*：それらの अनादित्वम् *anāditvaṃ*：無始より永久に存在していること च *ca*：〜と　आशिषः *āśiṣaḥ*：(生への)願望
नित्यत्वात् *nityatvāt*：永遠性から

それら（の願望）が無始より永久に存在しているのは、（生への）願望が永遠に続いているから。

IV-11　हेतुफलाश्रयालम्बनैः संगृहीतत्वाद् एषामभावे तदभावः।

hetu-phala-āśraya-ālambanaiḥ-saṃgṛhītatvād-eṣām-abhāve-tad-abhāvaḥ

हेतु *hetu*：原因　फल *phala*：結果　आश्रय *āśraya*：拠りどころ
आलम्बनैः *ālambanaiḥ*：（拠りどころの）対象によって
संगृहीतत्वात् *saṃgṛhītatvāt*：（互いに）縛られて
एषाम् *eṣām*：これら（原因すなわち無知）の　अभावे *abhāve*：消滅によって　तद् *tad*：それら(結果さなわち願望)の　अभावः *abhāvaḥ*：消滅

（願望は）原因と結果、拠りどころと拠りどころの対象のように互いに縛られているから、これらがなくなればそれもなくなる。

IV-12　अतीतानागतं स्वरूपतोऽस्तिअध्वभेदाद् धर्माणाम्।

atītānāgataṃ svarūpato-'sti-adhvabhedād dharmāṇām

अतीत *atīta*：過ぎ去ったもの　अनागतम् *anāgataṃ*：来らんとするもの
स्वरूपतः *svarūpataḥ*：自身の形で　अस्ति *asti*：存在する
अध्व *adhva*：経路の　भेदात् *bhedāt*：違いによって
धर्माणाम् *dharmāṇāṃ*：事物（属性）の

過ぎ去ったものも、これから来るものも、それ自体としては存在している。経路、時間の違いによって現れる事物の形が決まる。

IV-13　ते व्यक्तसूक्ष्माः गुणात्मानः।

te vyakta-sūkṣmāḥ guṇātmānaḥ

ते *te*：それら　व्यक्त *vyakta*：顕在化した　सूक्षम *sūkṣmāḥ*：微細な
गुण *guṇa*：グナの　आत्मानः *ātmānaḥ*：本質の

それらは、顕在化したものもそうでない微細なものも、グナを本質としている。

IV-14　परिणामैकत्वाद् वस्तुतत्त्वम्।

pariṇāma-ikatvādvastu-tattvam

परिणाम *pariṇāma*：変化の　**एकत्वात्** *ekatvāt*：単一性によって
वस्तु *vastu*：事物の　**तत्त्वम्** *tattvam*：実在

（構成されるグナの）変化が同一であるとき事物が存在する。

IV-15　वस्तुसाम्ये चित्तभेदात्तयोर्विभक्तः पन्थाः ।

vastusāmye citta-bhedāt-tayorvibhaktaḥ panthāḥ

वस्तु-साम्ये *vastu-sāmye*：事物（二つ）が同一であるとき　**चित्त** *citta*：心の　**भेदात्** *bhedāt*：差異があるから　**तयोः** *tayoḥ*：それら二つの
विभक्तः *vibhaktaḥ*：別の　**पन्थाः** *panthāḥ*：道

同一の事物であっても（それを認識する人の）心は異なっているのだから、それら二つの辿る道は別である。

IV-16　न चैकचित्ततन्त्रं वस्तु तदप्रमाणकं तदा किं स्यात् ।

na caika-citta-tantraṃ vastu tad-apramāṇakaṃ tadā kiṃ syāt

न *na*：ない　**च** *ca* また　**एक** *eka*：一つの　**चित्त** *citta*：心
तन्त्रम् *tantraṃ*：依存　**वस्तु** *vastu*：事物　**तत्** *tat*：それを
अप्रमाणकम् *apramāṇakaṃ*：認識の手段がないこと　**तदा** *tadā*：そのとき
किम् *kiṃ*：何で　**स्यात्** *syāt*：あるべきか

また事物（の認識）は一つの心（だけ）に依存しているのではない。もしその事物を（一つの心でしか）認識できないなら、そのとき（その事物の存在）は何であるというのか。

IV-17　तदुपरागापेक्षित्वाच् चित्तस्य वस्तुज्ञाताज्ञातम् ।

tad-uparāga-apekṣitvāc cittasya vastu-jñātājñātaṃ

तद् *tad*：その　**उपराग** *uparāga*：染色が　**अपेक्षित्वात्** *apekṣitvāt*：要求されることによって　**चित्तस्य** *cittasya*：心にとって　**वस्तु** *vastu*：事物は　**ज्ञात**

jñāta 知られるもの अज्ञातम् *ajñātaṃ* :知られないもの

心は事物があって初めてその色に染められるのだから、事物には知られるものも知られないものもある。

IV-18　सदाज्ञाताः चित्तवृत्तयः तत्प्रभोः पुरुषस्यापरिणामित्वात् ।

sadājñātāḥ citta-vṛttayaḥ tat-prabhoḥ puruṣasya-apariṇāmitvāt

सदा *sadā* :常に ज्ञाताः *jñātāḥ* :知られている चित्त *citta* :心の वृत्तयः *vṛttayaḥ* :動きは तत् *tat* :その प्रभोः *prabhoḥ* :主人には पुरुषस्स *puruṣasya* :プルシャの अपरिणामित्वात् *aparināmitvāt* :変化しないことによって

心の動きはその主人（であるプルシャ）によって常に認識されている。プルシャは変化しないものだから。

IV-19　न तत्स्वाभासं दृश्यत्वात् ।

na tat-svābhāsaṃ dṛśyatvāt

न *na*：ない　तत् *tat*：それは　स्वाभासम् *svābhāsam*：自ら輝く
दृश्यत्वात् *dṛśyatvāt*：見られるものだから

心は自ら輝くものではない。それは（プルシャによって）見られるものだから。

IV-20　एकसमये चोभयानवधारणम् ।

eka-samaye cobhaya-anavadhāraṇam

एक *eka*：同一の　समये *samaye*：時間に　च *ca*：また
उभय *ubhaya* :両方 अनवधारणम् *anavadhāraṇam* :確定（認識）できない

また、心は（見るものと見られるものの）両方を同時に認識することはできない。

IV-21　चित्तान्तर दृश्ये बुद्धिबुद्धेः अतिप्रसङ्गः स्मृतिसंकरश्च ।

cittāntara dṛśye buddhi-buddheḥ atiprasaṅgaḥ smṛti-saṃkaraś-ca

चित्तान्तर *cittāntara*：別の心　दृश्ये *dṛśye*：に見られるのなら
बुद्धिबुद्धेः *buddhibuddheḥ*：知覚のための知覚　अतिप्रसङ्गः *atiprasaṅgaḥ*：極度の敷衍（ふえん）　स्मृति *smṛti*：記憶　संकरः *saṃkaraḥ*：混合　च *ca*：〜もまた

（心が自身の内部の）別の心に見られるとするなら、（さらにその心を）知覚するための知覚があることになり、それが際限なく続き、（ついには）記憶が混乱する。

IV-22　चितेरप्रतिसंक्रमायाः तदाकारापत्तौ स्वबुद्धि संवेदनम् ।

citerapratisaṃkramāyāḥ tadākārāpattau svabuddhi saṃvedanam

चितेः *citeḥ*：意識の　अप्रति *aprati*：向かわない　संक्रम *saṃkrama*：行くこと　आयाः *āyāḥ*：来ること　तद् *tad*：その　आकार *ākāra*：姿　आपत्तौ *āpattau*：招くと　स्वबुद्धि *svabuddhi*：自身の知性（知性自体の認識作用）　संवेदनम् *saṃvedanam*：知識

意識が動き回ることを止め、本来の姿を帯びると、自身の知性によって自身の本性が知られる。

IV-23　द्रष्टृदृश्योपरक्तं चित्तं सर्वार्थम् ।

draṣṭṛdṛśyoparaktaṃ cittaṃ sarvārtham

द्रष्टृ *draṣṭṛ*：見るものと　दृश्यः *dṛśyaḥ*：見られるものとによって
उपरक्तं *uparaktam*：染められた　चित्तम् *cittam*：心は
सर्व *sarva*：すべての　अर्थम् *artham*：事物

心は見るもの（プルシャ）と見られるものとによって染められるので、あらゆるものを（知ることができる）。

IV-24　तदसङ्ख्येय वासनाभिः चित्रमपि परार्थम्
संहत्यकारित्वात्।

Tadasaṅkhyeya vāsanābhiḥ citramapi parārtham saṃhatyakāritvāt

तद् *tad*：それ　असंख्येय *asaṃkhyeya*：数えきれない

वासनाभिः *vāsanābhiḥ*：願望によって　चित्रम् *citram*：多様な　अपि *api*：～だけれども　पर *para*：他者　अर्थम् *artham*：～のため　संहत्य *saṃhatya*：結合した　कारित्वात् *kāritvāt*：活動から

それ（心）は数えきれない願望を抱いて多様であるが、他者（プルシャと結びついて）活動する。

IV-25　विशेषदर्शिनः आत्मभावभावनानिवृत्तिः ।

viśeṣadarśinaḥ ātmabhāvabhāvanānivṛttiḥ

विशेष *viśeṣa*：差異を　दर्शिनः *darśinaḥ*：知る人の　आत्मभाव *ātmabhāva*：自己存在　भावना *bhāvanā*：思念　निवृत्तिः *nivṛttiḥ*：消失

（目的とする願望とプルシャの）差異を知る人においては、自己の存在について考えることが止む。

IV-26　तदा विवेकनिम्नं कैवल्यप्राग्भारं चित्तम् ।

tadā vivekanimnaṃ kaivalyaprāgbhāraṃ cittam

तदा *tadā*：そのとき　विवेक *viveka*：識別の　निम्नम् *nimnam*：深み　कैवल्य *kaivalya*：純粋絶対への　प्राग्भारं *prāgbhāram*：坂を　चित्तम् *cittam*：心

そのとき、心は識別の深みに向かい、純粋絶対への坂を下る。

IV-27　तच्छिद्रेषु प्रत्ययान्तराणि संस्कारेभ्यः ।

tacchidreṣu pratyayāntarāṇi saṃskārebhyaḥ

तत् *tat*：その　छिद्रेषु *chidreṣu*：間隙において　प्रत्ययाः *pratyayāḥ*：想念　अन्तराणि *antarāṇi*：別の　संस्कारेभ्यः *saṃskārebhyaḥ*：潜在印象から

その（純粋絶対に入る境界の）間隙には、潜在印象から生ずる別の様々な想念が入り込む。

IV-28　हानमेषां क्लेशवदुक्तम् ।

hānameṣāṃ kleśavaduktam

हानम् *hānam*：除去　एषाम् *eṣām*：これら（潜在印象）
क्लेशवत् *kleśavat*：苦悩のように　उक्तम् *uktam*：述べられたこと

これらの潜在印象の除去（の方法）は、先に述べた苦悩（を除去する方法）と同様である。 ＊本論 19（II-10），20（II-11），35（II-26）参照

IV-29　प्रसंख्यानेऽप्यकुसीदस्य सर्वथा विवेकख्यातेः धर्ममेघस्समाधिः ।

prasaṃkhyāne'pyakusīdasya sarvathā vivekakhyāteḥ dharmameghassamādhiḥ

प्रसंख्याने *prasaṃkhyāne*：最も深い瞑想状態の智において
अपि *api*：～さえも　अकुसीदस्य *akusīdasya*：関心がなくなった人の
सर्वथा *sarvathā*：全く　विवेकख्यातेः *vivekakhyāteḥ*：最終識別智の
धर्ममेघः *dharmameghaḥ*：法雲　समाधिः *samādhiḥ*：三昧

最も深い瞑想状態の智においてもなお、完全に関心が消え、識別智を得た人には、法雲三昧が訪れる。

IV-30　ततः क्लेशकर्मनिवृत्तिः ।

tataḥ kleśakarmanivṛttiḥ

ततः *tataḥ*：それより　क्लेश *kleś*：苦悩　कर्म *karma*：行為
निवृत्तिः *nivṛttiḥ*：消失

その（法雲三昧に入った）とき、苦悩と行為（を引き起こす動機）は消滅する。

IV-31　तदा सर्वावरणमलापेतस्य ज्ञानस्यानन्त्याज् ज्ञेयमल्पम् ।

tadā sarvāvaraṇamalāpetasya jñānasyānantyāj jñeyamalpam

तदा *tadā*：そのとき　सर्व *sarva*：全ての　आवरण *āvaraṇa*：覆い
मल *mala*：汚れ　अपेतस्य *apetasya*：消えた　ज्ञानस्य *jñānasya*：知識の
आनन्त्यात् *ānantayāt*：無限から　ज्ञेयम् *jñeyam*：知られるべき知識
अल्पम् *alpam*：少ない

そのとき、全ての覆いと汚れは消え去って、知識は果てしなく広がり、（さらに）知られるべき知識は僅かである。

IV-32　ततः कृतार्थानां परिणामक्रमसमाप्तिर्गुणानाम् ।

tataḥ kṛtārthānāṃ pariṇāma-krama-samāptir-guṇānām

ततः *tataḥ*：それによって　कृत *kṛta*：成就された
अर्थानाम् *arthānām*：目的の　परिणाम *pariṇāma*：変化の
क्रम *krama*：過程　समाप्तिः *samāptiḥ*：完了　गुणानाम् *guṇānām*：グナの

それによって（グナの）目的は成就されたので、グナの変化の過程は完了する。

IV-33　क्षणप्रतियोगी परिणामापरान्त निर्ग्राह्यः क्रमः ।

kṣaṇa-pratiyogī pariṇāma-aparānta nirgrāhyaḥ kramaḥ

क्षण *kṣaṇa*：刹那と प्रतियोगी *pratiyogī*：関係している परिणाम *pariṇāma*：変化の अपरान्त *aparānta*：終末に निर्ग्राह्यः *nirgrāhyaḥ*：認められるべき क्रमः *kramaḥ*：（刹那から刹那への）連続は

連続は刹那と密接に関わっているので、（グナの）変化が終わるときに（初めてその関係が）認識される。

IV-34　पुरुषार्थ-शून्यानां गुणानां प्रतिप्रसवः कैवल्यं स्वरूप-प्रतिष्ठा वा चितिशक्तिरिति ।

puruṣa-artha-śūnyānāṃ guṇānāṃ-pratiprasavaḥ kaivalyaṃ svarūpa-pratiṣṭhā vā citiśaktiriti

पुरुष *puruṣa*：プルシャの अर्थ *artha*：目的 शून्यानाम् *śūnyānām*：欠いている गुणानाम् *guṇānām*：グナの प्रतिप्रसवः *pratiprasavaḥ*：本源への回帰 कैवल्यम् *kaivalyam*：純粋絶対(独存) स्वरूप *svarūpa*：それ自身の本性の प्रतिष्ठा *pratiṣṭhā*：確立　वा *vā*：または　चिति *citi*：純粋意識の शक्तिः *śaktiḥ*：力　इति *iti*：以上（でヨーガ・スートラは終わる）。

グナが（プラクリティの）本源に戻ると、プルシャには認識すべき対象がなくなり、純粋絶対(独存)が現れる。プルシャが自身の本性ー純粋意識として確立されたのである。以上

参考図書

佐保田鶴治『解説ヨーガ・スートラ』　平河出版
中村元選集（決定版）第２４巻『ヨーガとサーンキヤの思想』春秋社
Swami Satchidananda　"*THE YOGA SUTRAS OF PATANJALI* "
伊藤久子訳『インテグラル・ヨーガ』(パタンジャリのヨーガ・スートラ)
Gregor Maehle　"*ASHTANGA YOGA : PRACTICE AND PHILOSOPHY* "
伊藤雅之（監訳）『現代人のための　ヨーガ・スートラ』ガイアブックス
Sri Swami Sivananda　"*RAJA　YOGA*"　, The Divine Life Society
Swami Vivekananda　*"RAJA-YOGA or CONQUERING THE INTERNAL NATURE"* , Advaita Ashrama
B.K.S. Iyenger　"*LIGHIT ON THE YOGA SUTRAS OF PATANJALI*"
I. K. Taimni, "*THE SCIENCE OF YOGA*"

辞書

漢訳対照　『梵和大辞典（新訂版）』　鈴木学術財団編　山喜房佛書林
"*PRACTICAL SANSKRIT-ENGLISH DICTIONARY*" Vaman Shivaram Apte
"*SANSKRIT ENGLISH DICTIONARY*", M. Monier Williams
ヴィヴェーカーナンダ（Swami Vivekananda）RAJA-YOGA or CONQUERING THE INTERNAL NATURE , Advaita Ashrama

編・訳者あとがき

著者が初来日したのは、1979年の春である。到着早々、電話で、パンディト・ゴーピ・クリシュナの著作「クンダリニー」日本語版の出版状況を私に尋ねて来た。幸い訳稿は既に出版社に渡した後だったので、訳書は間もなく世に出るはず、と胸を張って答えることが出来た。当時、著者はゴーピ師と親しい関係があり、本人に代わり、出版の進捗状況を聞いてきたわけである。その本は幸いにして日本ではヨーガ関係者の間で多くの読者を得て、自然と私もその方面の方々と関わることになった。

本書の刊行は、著者と私とのこの出会いから始まる35年に及ぶ日印文化交流を記念する一つの道標である。

本書まえがきで、著者はニューヨークのコロンビア大学留学中（1964-65年）に突然起きた急激な心身変容の体験に触れている。週末になると医師でサンスクリット研究者のスワミ・ブラフマナンダが主宰するヨーガ・アシュラムに通うようになり、変容してしまった心身を穏やかにケアする環境を得て非常に助かったと述べている。そのアシュラムで、著者は留学前にインドで一度は目を通していたパタンジャリのヨーガ・スートラに改めて出会うことになり、その真義を深く会得することになったという。その時に得た洞察が本書の背景になっている。通常のヨーガ・スートラ注釈と少しく趣が異なるのはこのためである。

もっとも、そのことがすぐにこの注釈書につながったわけではない。留学から15年経って著者に来日する機会がやって来て、それがきっかけでヨーガ関係者と交流するうち、彼等からの要請で関東では霞ケ浦の菩提禅堂、関西では信貴山の玉蔵院で、ヨーガ・スートラの集中講義を幾度か実施することになった。それを基に、2004

年になって「ヨーガ・スートラの神髄」と題する冊子が少部数印刷された。

この冊子の改訂版発行を、ヨーガ関係者から私は度々要請されながら、実現には至らなかった。それは、著者が内容の全面的改訂を強く希望したものの、作業がなかなか進捗しなかったことによるが、一方で、私共のサンスクリット研究がかなり進展してきたので、新版の制作に際しては、スートラ原典を英訳からの重訳ではなくて、サンスクリットからの直訳を目指したからである。

本書の編集に当たり、著者の体系的な評釈に加え、巻末に 196 節からなるヨーガ・スートラ原典の全訳を原典通りの配列で、語句説明を付記して掲載することにした。本論が扱った 114 節は、重複して掲載されているが、本論並びに原典全訳を対比しながら読むことで、ヨーガ・スートラへの理解が一層深まることであろう。

私共は本書編集と並行し、本論で扱われた 114 節ならびに、原典 196 節を著者が朗読しているＣＤも制作した。サンスクリットを学び、原典の音読を繰返すうちに、この古典のスピリットと共鳴し、原典の真意を汲み取る人が沢山現れることを期待している。

この度、私共が手掛けた『サンダハンの入門サンスクリット』と『ギーター・サール』と同じく、本書が東方出版から出版される運びになったことは、まことに喜ばしく、趣旨を理解され、本書刊行に尽力された東方出版の今東成人社長に心から感謝します。

こうした形で本書をまとめることが出来たのは、私共が編纂した『サンダハンの入門サンスクリット』を教本にしてサンスクリットの研鑽に励み、原典講読のレベルに到達した人々が編集に協力してくれたからである。メンバーには、柏木頼子、川井貞子、佐竹博之、水野美和子、中塚久貴の諸氏が含まれる。訳文の点検は川井氏、梵文の解釈と語句の注釈は柏木氏と水野氏、本論で扱われなかった節の梵文訳と注釈は佐竹氏が分担し、全体の作業調整には中塚氏が担当し、訳文検討会には全員が参加した。これによりメンバー諸氏のサンスクリット読解力も著しく向上した。

原典の邦訳はこれまで多くの研究者によって試みられてきたが、私共としては改めて原典に直接当たり、訳文が出来うる限り耳で聞いて分かる日本語になっていることを目指した。本書制作の為に、長期にわたって努力された諸氏に改めて甚深なる敬意を表する。

ヨーガとは何か。著者はヨーガをアーサナだけに狭く受けとめてはならぬと、繰り返し述べ、序説では、人生全般に関わるものとしてヨーガを実践するため、ヨーガ・スートラと共にバガヴァット・ギーターを合わせ読むことが重要であると指摘している。

我々にとって大事なことは、両古典を十分理解した上で、日本人に相応しいヨーガ修習法を工夫し、実践することではなかろうか。本書のサーンキャ哲学の簡明な解説を踏まえ、この古典に親しむことで、ヨーガ哲学の体系的な理解が可能になった。

ヨーガは、密教と共に平安時代から日本に導入された。そこで、日本には、密教者が自らを瑜伽者と名乗る伝統がある。インドで大いに発達した特殊なハタヨーガを究めなければ真のヨーガ者になれないというわけではなかろう。本書並びに『ギーター・サール』などを通じて、ヨーガの研究が深まり、日本独自のヨーガ体系が生まれることを期待している。

2014年5月末日　　中島　巖　横浜

Anil Vidyalankar
1928 年インドに生れる。伝統的師弟教育機関グルクラカングリ 1950 年卒業。1950 年～1958 年アグラ大学大学院修了。言語学、哲学専攻。1961 年～1989 年インド連邦政府国立教育訓練所勤務、退官時人文・社会学研究部長。1965 年コロンビア大学教育学修士、1979 年デリー大学哲学博士。　1979 年～1981 年文部省教育研究所・ユネスコ共催「アジア地域の道徳教育研究」プロジェクト・統括議長として報告書作成。
主要著作
サンダハンの『基本梵英和辞典』1999 年共著中島巖・東方出版刊
『サンダハンの入門サンスクリット』2002 年共著中島・東方出版刊
『ギーター・サール』2005 年長谷川澄夫訳・東方出版刊

中島　巖　（法名翠巖）
1934 年横浜市に生れる。1956 年一橋大学経済学部卒、1959 年同大学院修士・社会学専攻。　1958 年 NHK 放送文化研究所・放送学研究室勤務、開発途上国のコミュニケーション研究に従事。パキスタン情報放送省、ブラジル文化省に勤務したことがある。1975 年 NHK 退職。柏市・豊受稲荷本宮代表。
訳書・共著
デュマズディエ著『余暇文明へ向かって』1972 年東京創元社刊
ゴーピ・クリシュナ著『クンダリニー』1980 年平河出版刊
共著　サンダハンの『基本梵英和辞典』1999 年東方出版刊
共著『サンダハンの入門サンスクリット』2002 年東方出版刊
日本サンダハン　〒240-0066 横浜市保土ヶ谷区釜台町 16-24
Tel 045-331-4222

ヨーガ・スートラ　パタンジャリ哲学の精髄

2014年9月26日　第1刷発行
2021年8月20日　第3刷発行

著　者　A・ヴィディヤーランカール
編・訳者　中島巖
発行者　稲川博久
発行所　東方出版(株)
〒543-0062 大阪市天王寺区逢阪 2-3-2
Tel.06-6779-9571 Fax.06-6779-9573
装　幀　濱崎実幸
印刷所　シナノ印刷(株)

乱丁・落丁はおとりかえいたします。　ISBN978-4-86249-232-6

देवनागरी　文字表(1)

(デーヴァナーガリー)

母音文字

(母音文字及び母音記号と子音文字との結合)

母音文字			母音記号	(子音文字+母音記号、क と र の場合)			
a	अ	短母音		क	*ka*	र	*ra*
ā	आ	長母音	◌ा	का	*kā*	रा	*rā*
i	इ	単母音	◌ि	कि	*ki*	रि	*ri*
ī	ई	長母音	◌ी	की	*kī*	री	*rī*
u	उ	単母音	◌ु	कु	*ku*	रु	*ru*
ū	ऊ	長母音	◌ू	कू	*kū*	रू	*rū*
ṛ	ऋ	単母音	◌ृ	कृ	*kṛ*		
ṝ	ॠ	長母音	◌ॄ	कॄ	*kṝ*		
e	ए	長母音	◌े	के	*ke*	रे	*re*
ai	ऐ	二重母音	◌ै	कै	*kai*	रै	*rai*
o	ओ	長母音	◌ो	को	*ko*	रो	*ro*
au	औ	二重母音	◌ौ	कौ	*kau*	रौ	*rau*